毎日の介護を楽しく意義あるものに！

これからのデイサービス

お元気体操 &
生活機能向上
トレーニング

加算につながる！通所介護の機能訓練プログラム

共創未来メディカルケア㈱デイサービス部　部長　古川静子／編著
同・デイサービス部　機能訓練チーム（安原健太・伊原礼央奈・福田雅敏）／著
目白大学　保健医療学部　教授　矢野秀典／理学療法指導

ひかりのくに

もくじ

これからのデイサービス
お元気体操＆生活機能向上トレーニング
加算につながる！通所介護の機能訓練プログラム

1. これからのデイサービスについて ……… 5
みんなで考えようこれからのデイサービス
* デイサービスのこれまでと平成24年度の制度改正 ……… 6
* これからはどう考える？ ……… 8
* これからは、具体的にどうすれば良いのか？ ……… 9

2. みんなで元気になり体操（まずは楽しく体を動かす習慣づくり）……… 11

基礎コース みんなで元気になり体操A（上肢強化中心プログラム）…… 12
Ⅰ　上半身のびのび体操 ……………………………………………… 14〜17
　1 首筋伸ばし　　　　　　　6 肩回し
　2 グーパー体操　　　　　　7 胸張り体操
　3 指折り数え　　　　　　　8 バンザイ体操
　4 腕ブラブラ　　　　　　　9 頭・肩・腰・ポン！
　5 肩上げ下ろし

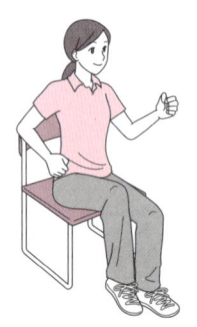

Ⅱ　おわんを用いた体操 ……………………………………………… 18〜19
　1 おわんひっくり返し　　　3 隣の方へおすそ分け
　2 みんなでおかわり！　　　4 おわんリレー

Ⅲ　脚力アップ体操 …………………………………………………… 20〜21
　1 手足さすり　　　　　　　4 大きく足踏み　カウントダウン
　2 軽く足踏み　　　　　　　5 ドスン！　と足踏み
　3 指折りひざ伸ばし　　　　6 足さすり

基礎コース みんなで元気になり体操B（下肢強化中心プログラム）…… 22
Ⅰ　上半身のびのび体操 ……………………………………………… 24〜26
　1 首筋伸ばし　　　　　　　5 腕斜め上げ
　2 グーパー体操　　　　　　6 連続パンチ
　3 腕ブラブラ　　　　　　　7 体をひねりながらパンチ
　4 肩上げ下ろし

Ⅱ　座位バランス運動 ………………………………………………………… 27
　1 空気壁押し　　　　　　　2 前方手伸ばし

Ⅲ　脚力アップ体操 …………………………………………………… 28〜30
　1 手足さすり　　　　　　　6 手足のコンビネーション運動
　2 ひじ曲げ・つま先上げ　　7 軽く足踏み
　3 バンザイ・かかと上げ　　8 ドスン！　と足踏み
　4 ひざブラブラ曲げ伸ばし　9 足さすり
　5 足こぎ運動

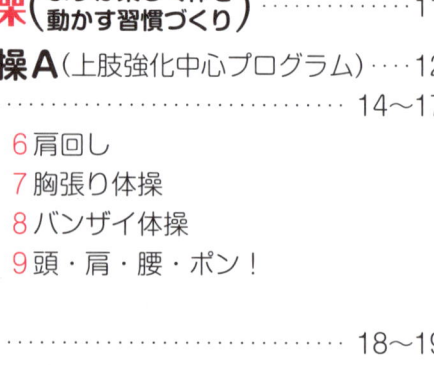

CONTENTS

応用コース みんなで元気になり体操C（上肢強化中心プログラム）‥‥32

- Ⅰ 準備体操‥‥‥‥‥‥‥‥‥‥‥‥‥‥‥‥‥‥‥‥‥‥‥‥‥‥‥‥‥ 34〜37
  - 1 グーパー体操
  - 2 指伸ばし
  - 3 腕ブラブラ
  - 4 肩上げ下ろし
  - 5 上体ねじり
  - 6 腕斜め上げ
  - 7 肩甲骨体操①
  - 8 肩甲骨体操②
  - 9 肩甲骨体操③
  - 10 逆深呼吸
- Ⅱ 下肢筋力強化・棒体操‥‥‥‥‥‥‥‥‥‥‥‥‥‥‥‥‥‥‥‥‥‥ 38〜41
  - 1 足指体操
  - 2 背中の曲げ伸ばし
  - 3 背筋伸ばし
  - 4 棒を突き出しながらのステッピング
  - 5 棒を持ち上げながらのもも上げ
  - 6 ゆっくりコンビネーション（逆手持ち）
  - 7 ゆっくりコンビネーション（順手持ち）
  - 8 棒素振り
  - 9 腕振り→ひじ曲げ腕振り→軽く足踏み
- Ⅲ 立位での運動‥‥‥‥‥‥‥‥‥‥‥‥‥‥‥‥‥‥‥‥‥‥‥‥‥ 42〜43
  - 1 立ち上がり→つま先立ち
  - 2 立ち座り
  - 3 足踏み運動＋カウントダウン
  - 4 深呼吸（呼吸筋のストレッチ）

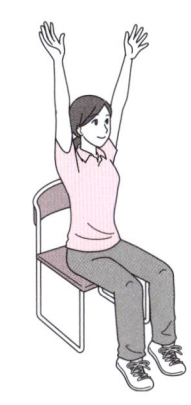

応用コース みんなで元気になり体操D（下肢強化中心プログラム）‥‥44

- Ⅰ 準備体操‥‥‥‥‥‥‥‥‥‥‥‥‥‥‥‥‥‥‥‥‥‥‥‥‥‥‥‥ 46〜48
  - 1 グーパー体操
  - 2 指伸ばし
  - 3 腕ブラブラ
  - 4 肩回し
  - 5 上体ねじり
  - 6 腕斜め上げ
  - 7 ひざ裏伸ばし
  - 8 ひざブラブラ曲げ伸ばし
- Ⅱ 下肢筋力強化体操‥‥‥‥‥‥‥‥‥‥‥‥‥‥‥‥‥‥‥‥‥‥‥ 49〜50
  - 1 足指体操
  - 2 ひざ伸ばし
  - 3 しこ踏み
  - 4 新聞束を用いた、かかと・つま先上げ
- Ⅲ 立位での運動　平衡感覚・下肢筋力強化‥‥‥‥‥‥‥‥‥‥‥‥‥ 51〜53
  - 1 新聞束昇降
  - 2 棒の上で足踏み
  - 3 棒の上で継ぎ足・立位保持
  - 4 立ち座り
  - 5 後ろけり上げ
  - 6 足踏み運動＋カウントダウン

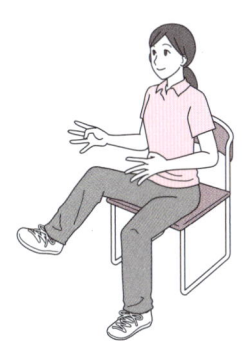

3.暮らしラクラクトレーニング（目指すは今ある設備を活用する 反復訓練・日常生活動作の向上!）‥55

- A 寝返り・起き上がりコース‥‥‥‥‥‥‥‥‥‥‥‥‥‥‥‥‥‥‥‥‥‥‥ 56
  - ステップ❶-1　足をまとめる
  - ステップ❶-2　首上げ・首ひねり
  - ステップ❶-3　肩上げ
  - ステップ❷　　寝返りから起き上がり（左マヒ）
- B 立ち上がり・乗り移りコース‥‥‥‥‥‥‥‥‥‥‥‥‥‥‥‥‥‥‥‥‥ 58
  - ステップ❶-1　前屈（体重を足に移す練習）
  - ステップ❶-2　おしりを浮かせる
  - ステップ❷　　立ち上がり（乗り移り）
  　　　　　　　　イスから立ち上がる場合／車イスに移る場合（右マヒ）

CONTENTS

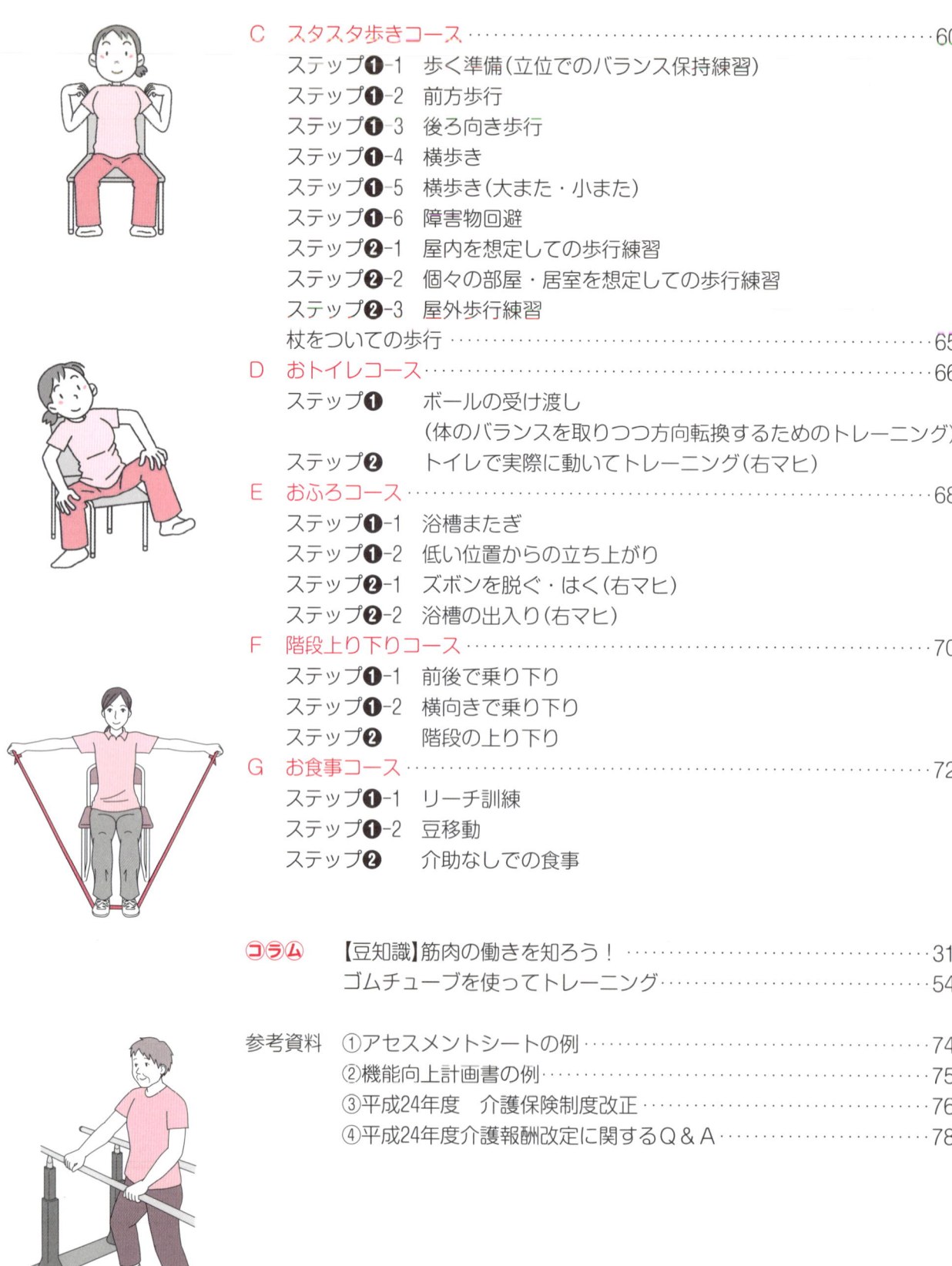

C スタスタ歩きコース ……………………………………… 60
　ステップ❶-1　歩く準備(立位でのバランス保持練習)
　ステップ❶-2　前方歩行
　ステップ❶-3　後ろ向き歩行
　ステップ❶-4　横歩き
　ステップ❶-5　横歩き(大また・小また)
　ステップ❶-6　障害物回避
　ステップ❷-1　屋内を想定しての歩行練習
　ステップ❷-2　個々の部屋・居室を想定しての歩行練習
　ステップ❷-3　屋外歩行練習
　杖をついての歩行 …………………………………………… 65

D おトイレコース ……………………………………………… 66
　ステップ❶　　ボールの受け渡し
　　　　　　　　(体のバランスを取りつつ方向転換するためのトレーニング)
　ステップ❷　　トイレで実際に動いてトレーニング(右マヒ)

E おふろコース ……………………………………………… 68
　ステップ❶-1　浴槽またぎ
　ステップ❶-2　低い位置からの立ち上がり
　ステップ❷-1　ズボンを脱ぐ・はく(右マヒ)
　ステップ❷-2　浴槽の出入り(右マヒ)

F 階段上り下りコース ……………………………………… 70
　ステップ❶-1　前後で乗り下り
　ステップ❶-2　横向きで乗り下り
　ステップ❷　　階段の上り下り

G お食事コース ……………………………………………… 72
　ステップ❶-1　リーチ訓練
　ステップ❶-2　豆移動
　ステップ❷　　介助なしでの食事

コラム　【豆知識】筋肉の働きを知ろう！ ……………………… 31
　　　　　ゴムチューブを使ってトレーニング ……………………… 54

参考資料　①アセスメントシートの例 ………………………… 74
　　　　　②機能向上計画書の例 ……………………………… 75
　　　　　③平成24年度　介護保険制度改正 ……………… 76
　　　　　④平成24年度介護報酬改定に関するQ＆A ………… 78

1. これからのデイサービスについて

通所介護の循環構造図
これを支えていくことがデイサービスの意義！

- **社会性の維持**
  仲間づくり・人とのかかわり
- **生活の活性化**
  楽しみ・生きがい・自立支援
- **機能訓練**
  自立支援・在宅支援・介護負担軽減
- **外出時間の確保**
  閉じこもり予防・介護者負担軽減

要介護高齢者

みんなで考えよう これからのデイサービス

まず、デイサービスで働く皆さんといっしょに、その仕事を今一度見直して、より働きがいを見いだしていきましょう。

＊デイサービスのこれまでと平成24年度の制度改正

介護保険制度以前 …「高齢者の閉じこもり予防」と「介護者の負担軽減」が目的
楽しく過ごすことがサービス

　介護保険制度がスタートする以前（いわゆる福祉サービスが未だ行政の「措置」だった時代ですね）から、デイサービスは存在をしていました。
　そのころのデイサービスは、「高齢者の閉じこもり予防」と「介護者の負担軽減」が大きな目的でしたので、歌をうたって、手工芸をして……というサービスで、「どのようなレクリエーションと、年間行事を行うか」が中心のサービスでした。

介護保険制度導入 …「基本方針」が出る＝平成12年４月１日施行・導入

> 介護保険法
> 第七章　通所介護
> （第一節　基本方針）
> （第九十二条）　指定居宅サービスに該当する通所介護（以下「指定通所介護」という。）の事業は、要介護状態となった場合においても、その利用者が可能な限りその居宅において、その有する能力に応じ自立した日常生活を営むことができるよう、必要な日常生活上の世話及び機能訓練を行うことにより、利用者の社会的孤立感の解消及び心身の機能の維持並びに利用者の家族の身体的及び精神的負担の軽減を図るものでなければならない。

　平成12年４月１日に介護保険法がスタートしましたが、しかし、夜中の０時を過ぎて突然介護保険制度に変更といわれても、既存のデイサービスは今までのサービスを踏襲するのみの事業所が多く、サービス内容も「レクリエーション中心」でした。

平成18年度の制度見直し

…「新予防給付」導入！　エビデンス（効果）のある機能訓練を！

そこで国は、平成18年度の改正では「新予防給付」を導入し、運動器機能向上・口腔機能向上・栄養改善と、エビデンス（効果の裏づけ）のある機能訓練を実施することを前面に打ち出してきました。また、要介護度の維持・向上が一定以上の割合になった事業所に対して、事業所評価加算として、100単位が算定できるようになり、「効果のある機能訓練を実施した事業所を評価しましょう」と、取り組み結果が報酬に跳ね返る仕組みをつくりました。

平成21年度の制度見直し

…デイサービスでの機能訓練強化

平成21年度には、デイサービスがより機能訓練に力を入れるよう、常勤の機能訓練員を専任で配置し、訓練を実施したデイサービスに42単位の加算が算定できるようなりました。

平成24年度の制度見直し

…生活動作そのものが改善・向上できるように！（ここを本書の「2」「3」で具体的に示しています）

そして、今回平成24年度の改正では、機能訓練が単に筋力や体力を向上させるのではなく、生活動作そのものの改善・向上を目指すものになりました。平成21年度の改正でつくった「常勤の機能訓練員を専任で配置」しなくては算定できないものを個別機能訓練加算Ⅰとし、もう1名機能訓練を配置し生活動作訓練を機能訓練員が直接実施した際に算定できる個別機能訓練加算Ⅱがつくられました（詳しくは、P.76〜79の参考資料③④をご参照ください）。

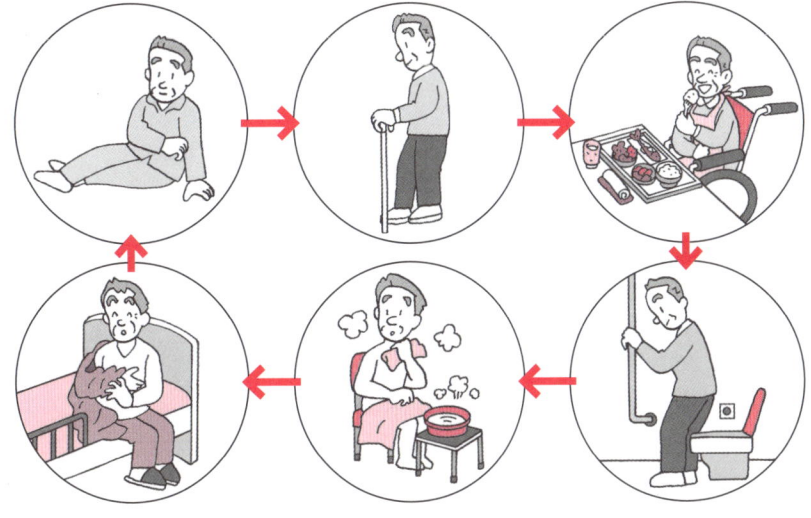

＊これからはどう考える？

介護保険の原点へ！
…自立した日常生活を営むことができるよう

このように、デイサービスが求められる役割はレクリエーションにとどまらず、介護保険法の基本方針に示した「要介護状態となった場合においても、その利用者が可能な限りその居宅において、その有する能力に応じ自立した日常生活を営むことができるよう、必要な日常生活上の世話及び機能訓練を行うこと」ということが最前面に押し出されました。

ただし、決して「閉じこもり予防」や「介護者の負担軽減」の機能がなくなった、あるいは必要なくなったといっているわけではないのです。

> 介護保険法
> 第一章　総則
> （目的）
> 第一条　この法律は、加齢に伴って生ずる心身の変化に起因する疾病等により要介護状態となり、入浴、排せつ、食事等の介護、機能訓練並びに看護及び療養上の管理その他の医療を要する者等について、これらの者が尊厳を保持し、その有する能力に応じ自立した日常生活を営むことができるよう、必要な保健医療サービス及び福祉サービスに係る給付を行うため、国民の共同連帯の理念に基づき介護保険制度を設け、その行う保険給付等に関して必要な事項を定め、もって国民の保健医療の向上及び福祉の増進を図ることを目的とする。

デイサービスの意義

デイサービスに来ることで同じような疾患や境遇を抱えた仲間ができ、仲間とともに機能訓練やレクリエーションをすることで、通所することを楽しんでもらい、さらに「生活訓練を実施することで、機能の維持・向上を図り、本人がいつまでも在宅で暮らせるよう支援するとともに、家族の介護負担の軽減にもつながる」という循環構造を支えていくことが、わたしたちが求められている「デイサービスの意義」ではないでしょうか？（P.5扉の図をご参照ください）

*これからは、具体的にどうすれば良いのか？

みんなでがんばろう！

　さて、ここからが本題です。わたしたちが求められている「日常生活を営むことができるよう、必要な機能訓練」を行なうために、さてさて何をしたら良いか？　機能訓練員としてリハビリ専門職である「理学療法士や作業療法士」が配置されているところは、考えが浮かびやすいかもしれません。ただ、わたしがここで強調しておきたいのは、リハビリ専門職が実施する訓練だけが、「日常生活を営むことができるよう、必要な機能訓練」ではないと考えています。

　P.6に掲載した「基本方針」の内容は、「デイサービスで行うケア全体がこうあるべき」と示していますので、介護職・生活相談員とデイサービスで働く全職員が行なうサービスの共通指針であるということを理解しておきましょう。

リハビリ専門職だけのものではなく、デイサービスで働く皆さんが、

> 要介護状態となった場合においても、その利用者が可能な限りその居宅において、その有する能力に応じ自立した日常生活を営むことができるよう、必要な日常生活上の世話及び機能訓練を行うことにより、(P.6参照)

の気持ちでケアに当たり、介護度の維持・軽減のためにがんばる！→利用者とともにがんばる！→利用者の自立支援のために！→介護職の喜び・やりがい！……と、より良くなるように。

この本を活用してみよう！

したがって、加算算定のための本書の活用にとどまらず、ぜひ介護職がこの本を手に取り、レクリエーション等で行なっている体操を見直してみてください。そして、「この動作を行なうことによって、どこに効果があり、どのような行為がしやすくなるのか」そこを理解し提供してほしいのです。なにげなく行なっている「単なる体操」から「自立支援に向かう意味のある運動」に格上げをしましょう。体操のリードの際には、「太ももの筋肉がつくと、歩行が安定しますよ」などなど、利用者に伝えていきましょう。

この本では、「2．みんなで元気になり体操」で、グループでできる効果的な運動を4コース紹介しています。基礎コースは、車イスの方でもできるよう、全て座位でできる運動になっています。応用コースには立位での運動が含まれます。各コース共に上肢強化中心と下肢強化中心とに分かれていますので、例えば日替わり、週替わりのように、飽きずに行なえるよう交互に行なうのも良いかと思います。もちろん、全コースの運動を自由に組み合わせていただいてもかまいませんので、幅広く活用してみてください。

また、「3．暮らしラクラクトレーニング」では、生活動作の実践訓練を紹介しています。「おトイレコース」「階段上り下りコース」など、生活動作でコースを分けています。各コース共にステップ❶では、一連の動作をコマ割にし、一つ一つの動作ができるようになるための「基本動作訓練」を、ステップ❷では、一連の生活動作を連続して行なう「実践動作訓練」となっています。

しかし、生活動作は「歩く」「ねじる」「またぐ」など、さまざまな動きが組み合わさっています。そのため、例えば目標が「自宅の浴室で入浴できる」であった場合、浴槽の出入りは「おふろコース」の訓練、おふろ場まで歩いていくには「スタスタ歩きコース」など、全てのコースがリンクしていますので、必要なものを追加して実施してください。

ポイントの中には、介護をする際に参考になるキーワードがつまっていますので、介護場面にも活用してみてください。

この本をきっかけに、全国のデイサービスで働くみんながやりがいの持てる仕事をし、楽しく効果あるプログラムが提供でき、利用される皆さんの笑顔があふれるサービスが展開されることを、切に願います。

2. みんなで元気になり体操
まずは楽しく体を動かす習慣づくり

※個別機能訓練加算Ⅰ(P.76〜79参照)につながる

基礎コース みんなで元気になり体操A(上肢強化中心プログラム)‥12
基礎コース みんなで元気になり体操B(下肢強化中心プログラム)‥22
応用コース みんなで元気になり体操C(上肢強化中心プログラム)‥32
応用コース みんなで元気になり体操D(下肢強化中心プログラム)‥44

基礎コース
みんなで元気になり体操A
上肢強化中心プログラム

対象となる利用者
- 歩いての移動に介助が必要、もしくは車イスに乗っている利用者
- 運動になじみのない利用者

実施時間
休憩を挟みながら20〜25分

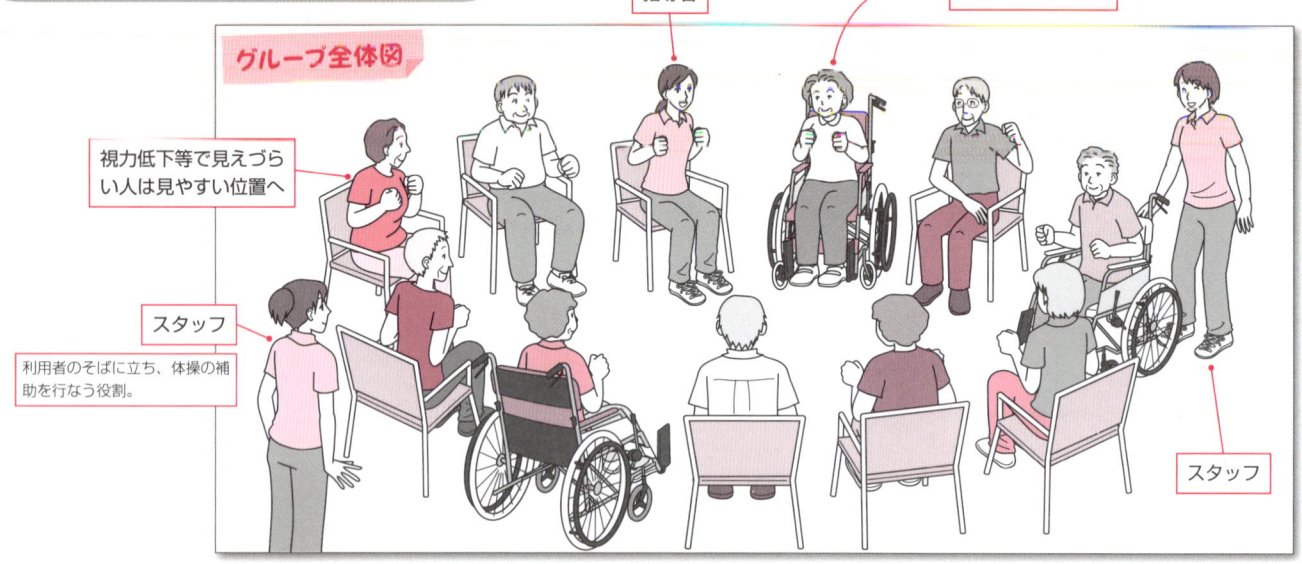

グループ全体図

指導者

聞こえづらい人は指導者のそばへ

視力低下等で見えづらい人は見やすい位置へ

スタッフ
利用者のそばに立ち、体操の補助を行なう役割。

スタッフ

プログラムの流れ

◎ 深呼吸

Ⅰ 上半身のびのび体操（P.14〜17）

1 首筋伸ばし
2 グーパー体操
3 指折り数え
4 腕ブラブラ
5 肩上げ下ろし
6 肩回し
7 胸張り体操
8 バンザイ体操
9 頭・肩・腰・ポン！

Ⅱ おわんを用いた体操（P.18〜19）

1 おわんひっくり返し
2 みんなでおかわり！

基礎コース　みんなで元気になり体操A

このコースについて

＊特徴

移動に困難を伴う方でも、無理なく体を動かせ、体力の維持・向上につなげられます。また、食事や着替えなど、上肢を用いた日常動作を行ないやすい体づくりを目的としています。

指導の際のポイント

①姿勢を正してもらいましょう。
②耳が聞こえづらい人は指導者の近くで参加してもらうなど、場所の配慮をしましょう。
③マヒなどの影響で十分な運動が行なえないときは、スタッフが動きを介助しましょう。
④車イスに乗っている利用者は、フットレストから足を下ろすように声掛けしましょう。
⑤体調や痛みの変化にも注意し、無理のない範囲で運動を行なってください。

3　隣の方へおすそ分け

4　おわんリレー

Ⅲ 脚力アップ体操（P.20〜21）

1　手足さすり

2　軽く足踏み

3　指折りひざ伸ばし

4　大きく足踏み　カウントダウン

5　ドスン！　と足踏み

6　足さすり

◯　深呼吸

次ページから始まります

13

基礎コース　みんなで元気になり体操A（上肢強化中心プログラム）

I 上半身のびのび体操

○ 大きく深呼吸をする（3回）

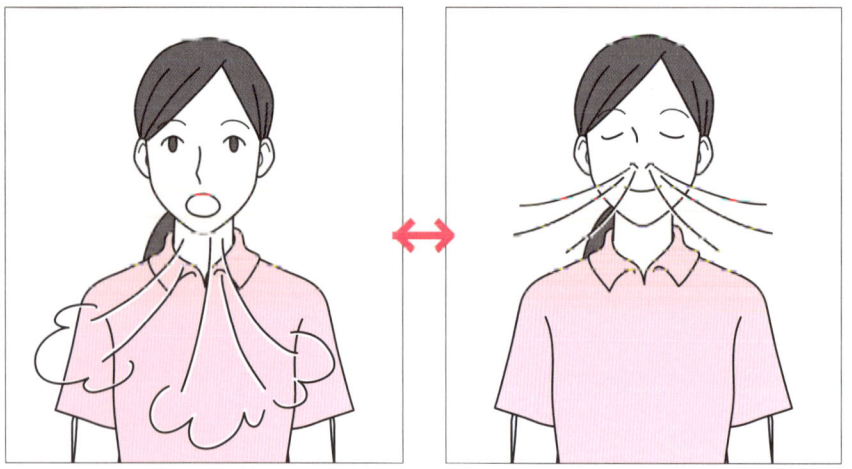

最初に体の余分な空気を吐き出してから、新鮮な空気を鼻から吸い込みましょう。

効果 運動前に心身をリラックスさせます。

ポイント 鼻から吸って、軽く口をすぼめ、吸ったときの倍の時間をかけて口から吐き出します。大切なのは、「呼吸を意識すること」と「吐ききること」です。

1 首筋伸ばし（左右とも5回ずつ前後に）

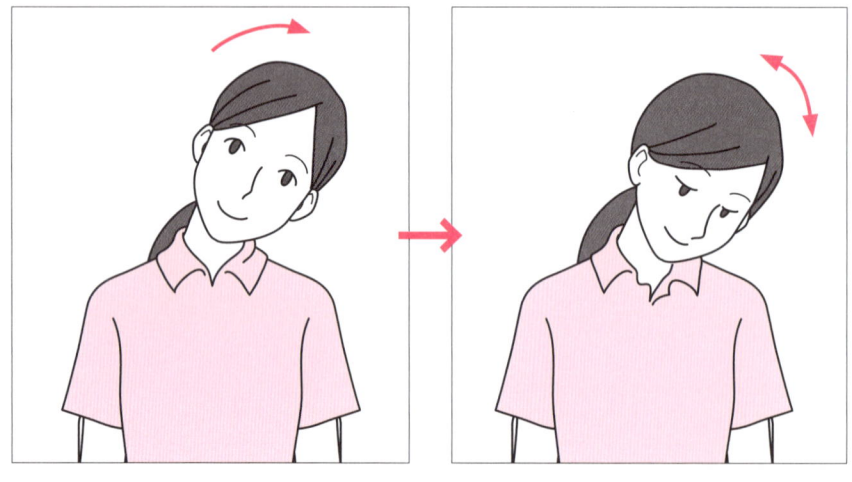

頭をゆっくり横に傾けます。おじぎをして、戻します（おじぎをしたときに、首筋が伸びているのを感じてください）。このままゆっくり前後に5回動かします。

効果 首周りの筋肉を伸ばします。

ポイント 頸椎を傷めないよう、後ろへは軽く動かす程度で良いです。

2 グーパー体操（10回を2セット）

指の間を大きく広げる。

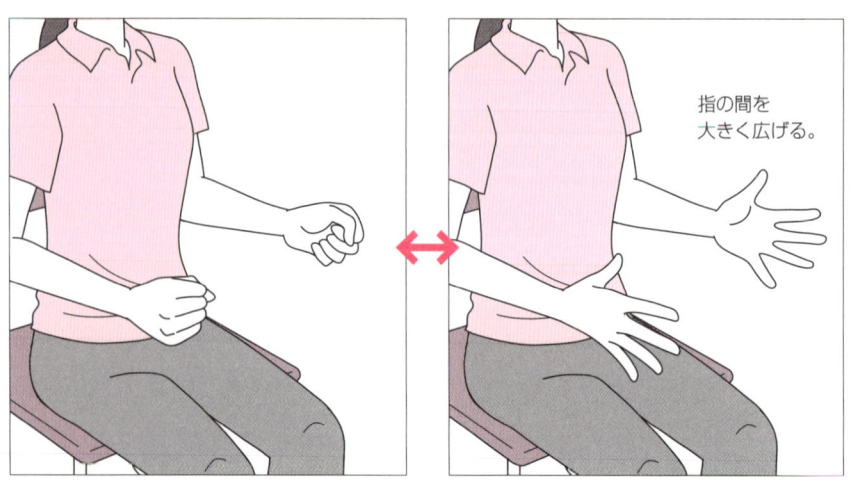

しっかりグーっと握った後、パッと大きく伸ばしてください。指の間も大きく広げましょう。

効果 指の動きを良くするのはもちろん、握力を高めます。

ポイント 指の伸び・広がりを意識して行ないます。開くときはしっかりと開きましょう。

14

基礎コース　みんなで元気になり体操A

3　指折り数え（1から10を連続で3セット）

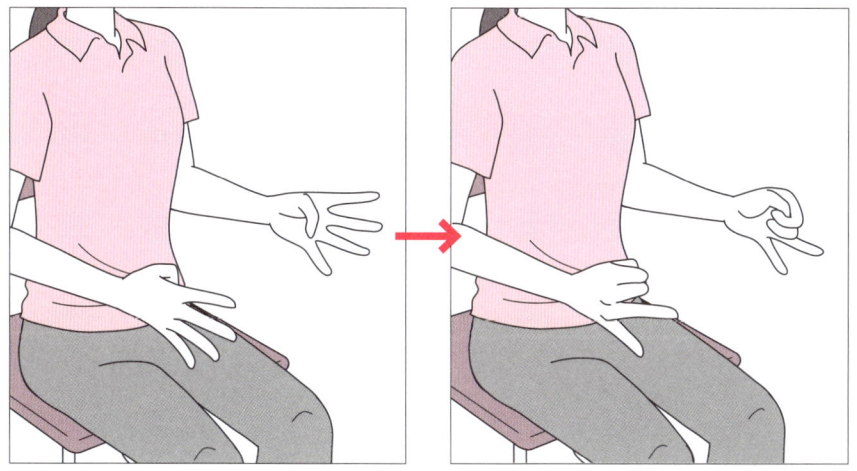

親指から、イチ・ニー・サン・シーと指折りしましょう。5本曲げたら今度は小指から伸ばしていきます。10までいったらまた1から数えますよ。

効果　手指の巧緻性（器用さ）を養います。
ポイント　3セット目は早めに数え、すばやく指折りしてもらいましょう。

4　腕ブラブラ

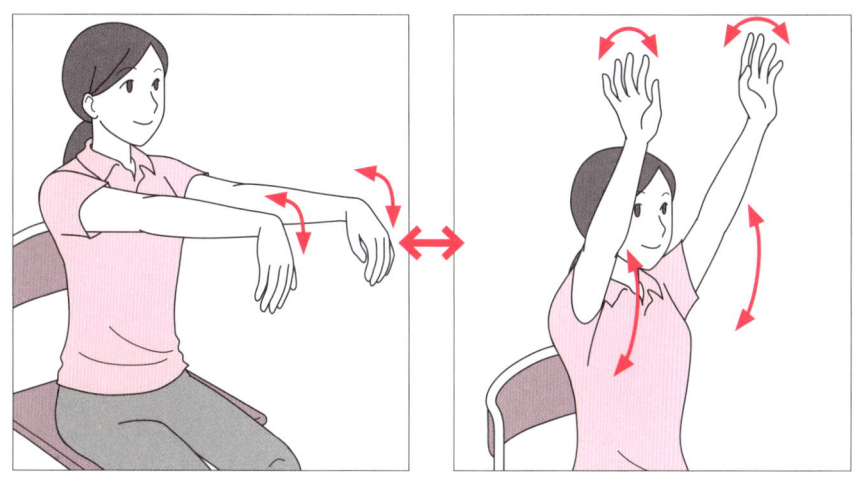

手と腕をブラブラさせながら、少しずつバンザイして……ブラブラゆっくり下ろしていきましょう。

効果　2・3で動かした手指をリラックスさせます。
ポイント　手に力を入れすぎないよう注意しながら、腕を上げて下ろすまでは10秒くらいを目安にします。指導する人は、声を出さずに頭の中で数えれば良いです。

5　肩上げ下ろし（5回）

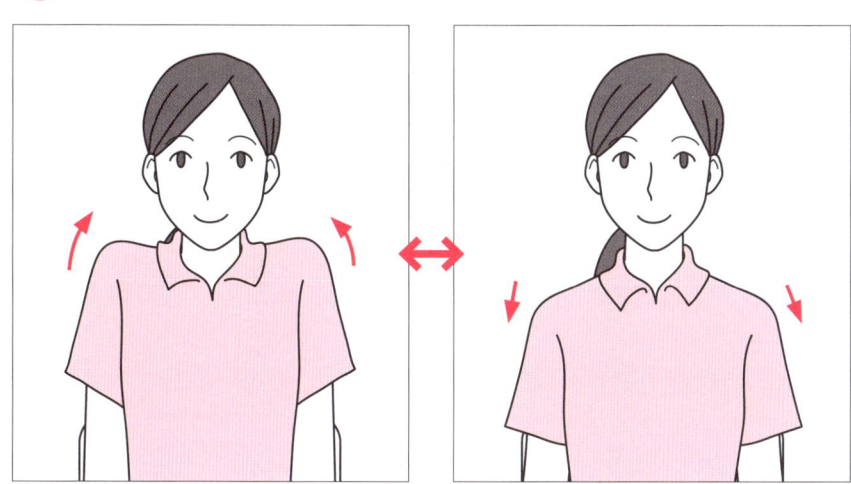

両肩をすくめます。イチ・ニ・サン・シと数え、ゴでストンと下ろします。

効果　肩周りの筋肉をほぐします。
ポイント　肩こり予防に効果的な体操です。

15

基礎コース　みんなで元気になり体操A（上肢強化中心プログラム）

I 上半身のびのび体操

6　肩回し（前回し・逆回し5回ずつ）

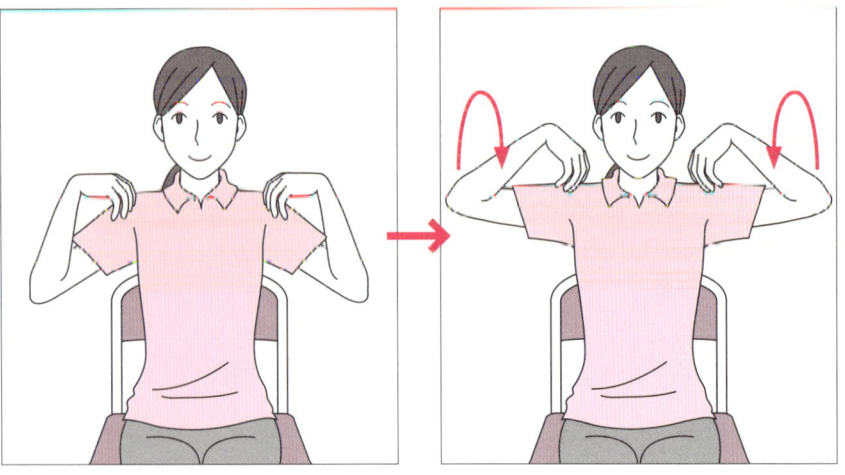

指を肩に軽く触れてください。ひじを大きく回しますね。5回転したら今度は反対回しをしましょう。

効果　肩の柔軟性を高め、肩関節の動きを良くします。
ポイント　「イチ・ニー・サン・シー」と数える間に一回転するくらいのスピードで回します。ひじで円を描くように動かすと、肩甲骨までしっかり動かせます。

7　胸張り体操（8回）

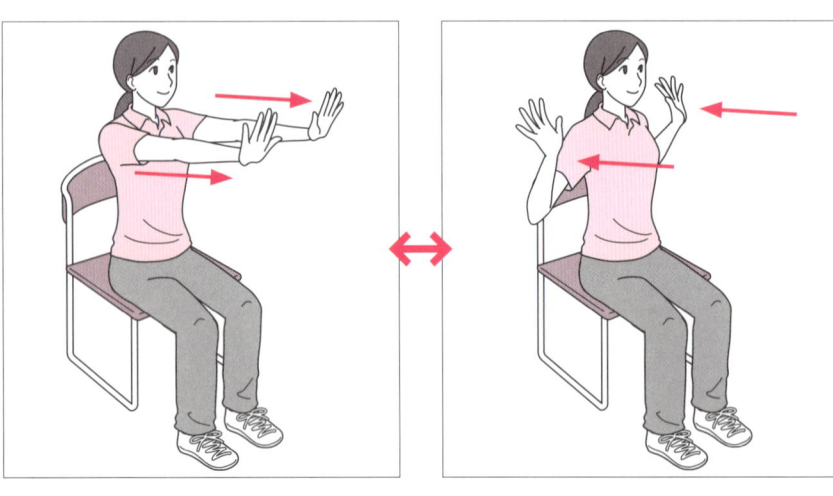

両手を前に突き出します。今度は大きく、ゆっくり引き寄せ、胸を張ってください。

効果　ネコ背を予防します。
ポイント　肩甲骨を内側に寄せることを意識してもらいましょう。

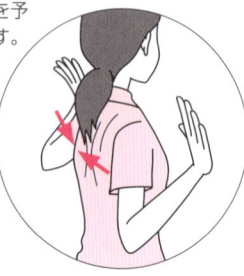

8　バンザイ体操（8回）

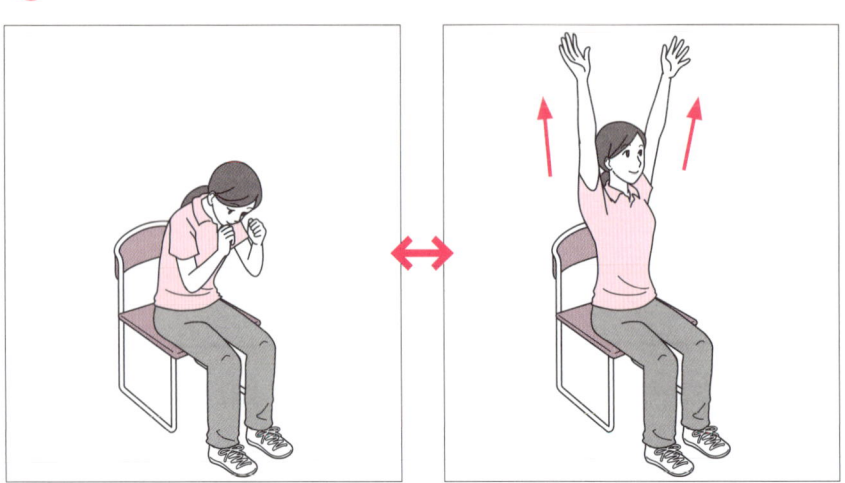

両手を胸のあたりに引き寄せてから、天井に手を伸ばす感じでバンザイします。

効果　背筋を鍛えます。
ポイント　体を少し丸めた姿勢から行なうと、背筋の伸びが促されます。

基礎コース　みんなで元気になり体操A

4 頭・肩・腰・ポン！（❶〜❹を10回）

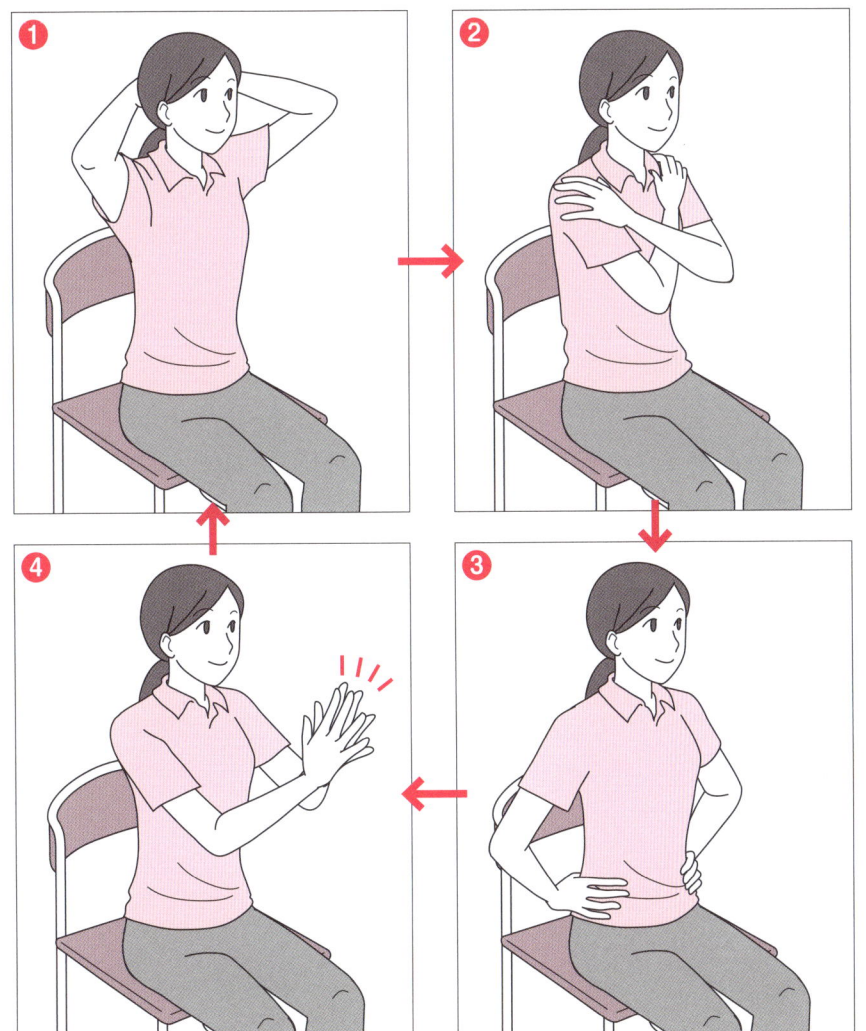

両手で順々に体に触れていきましょう。❶あたま❷かた❸こし❹（手をたたいて）ポン！と繰り返します。少しずつテンポを早くしますよ！

効果 上肢のスムーズな動きを養います。

ポイント 触れる位置を変える際、指導する人は少し大げさに腕を動かすと、参加している方々の動かす範囲も広がりやすいです。

次はおわんを使って体操してみましょう。

17

基礎コース　みんなで元気になり体操A（上肢強化中心プログラム）

Ⅱ おわんを用いた体操

マヒのある人は健側の手のみで行なう。

おわんの代わりに重量のある物を持つと、刺激が高まります。

1 おわんひっくり返し（右回転・左回転10回ずつ）

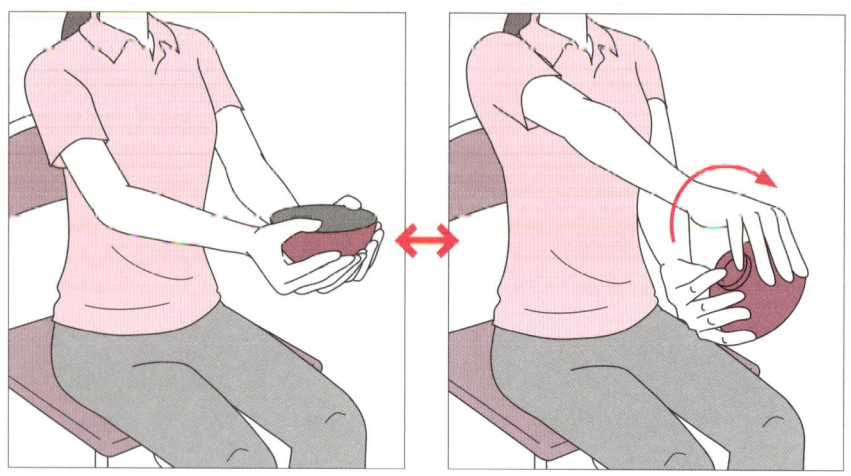

おわんの中をひっくり返すように腕をねじります。ひっくり返して、戻して……を繰り返します。

効果 腕全体の筋肉を刺激します。
ポイント ひじは軽く伸ばしてもらうようにしましょう。

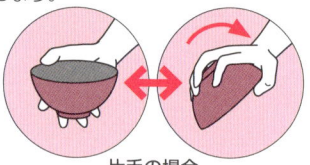

片手の場合

2 みんなでおかわり！（5回を2セット）

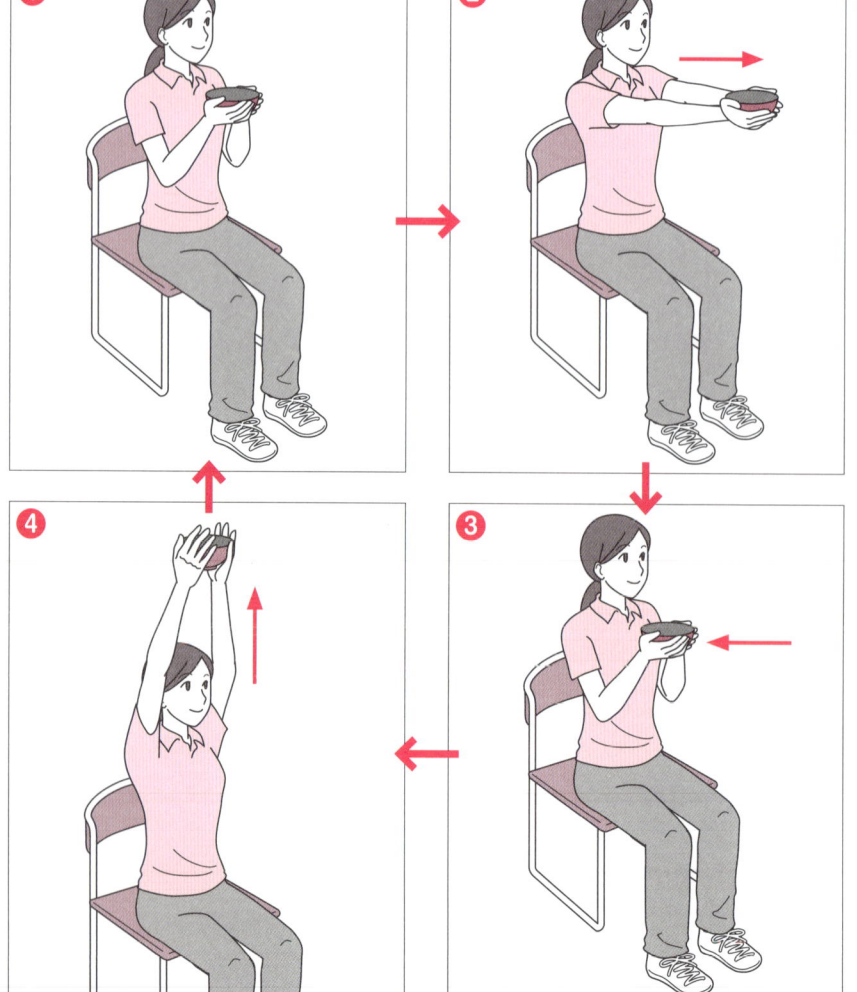

おわんを突き出して・戻して・上げて・戻して……を5回繰り返します。おかわりするような感じですね。今度はひじの曲げ伸ばしを意識してやってみましょう。

効果 肩・ひじ周りの筋肉を刺激します。
ポイント 肩の痛みが生じない範囲で大きく動かします。

18

3 隣の方へおすそ分け（左右交互に5回ずつ）

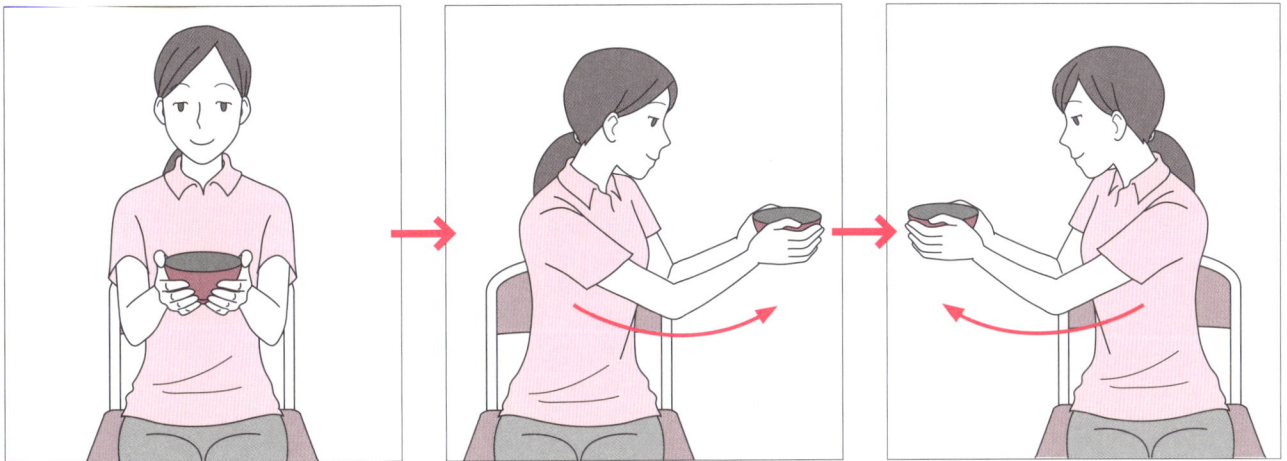

片手の場合

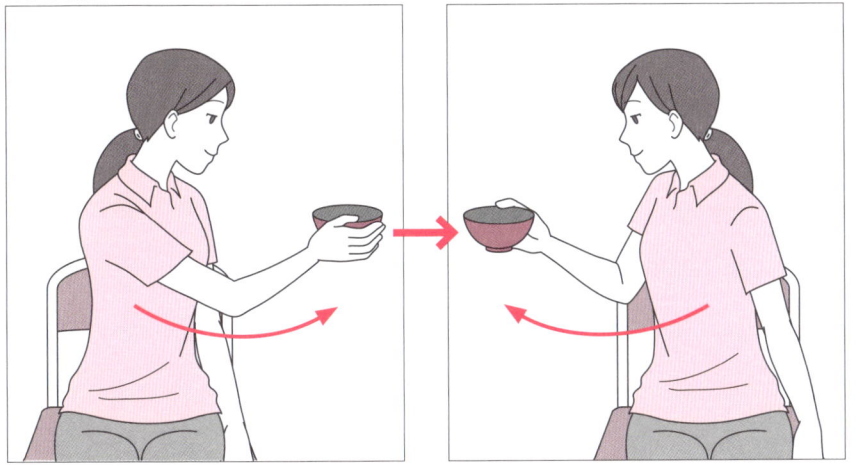

隣の人におわんを渡すように体を大きくねじります。正面に戻ってから、今度は反対隣りの人に向かって体をねじってください。

効果 脇腹の筋肉を刺激します。
ポイント 腕だけでなく、体全体をねじるように声掛けしましょう。

4 おわんリレー（右回り・左回り各2周ずつ） ❶輪になって座り、一つのおわんを隣に受け渡していく。❷半周くらいまで回ったら、もう一つおわんを追加する。

おわんをバトン代わりにして、右隣の人へ順々に渡していってください。このときも、しっかり体ごとねじりましょう。

ポイント 応用として、おわんに収まるような物（ボールなど）をおわんで受け渡したり、参加人数が多いときは3個・4個……と増やしていったりしても良いです。

基礎コース　みんなで元気になり体操A（上肢強化中心プログラム）

III 脚力アップ体操

座位が安定している人には浅く腰掛けてもらう。

おなかや背中の筋肉を働かせる効果があります。

1 手足さすり
※マヒのある人は、ももをさするだけでも良い。

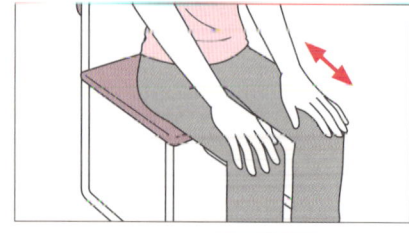

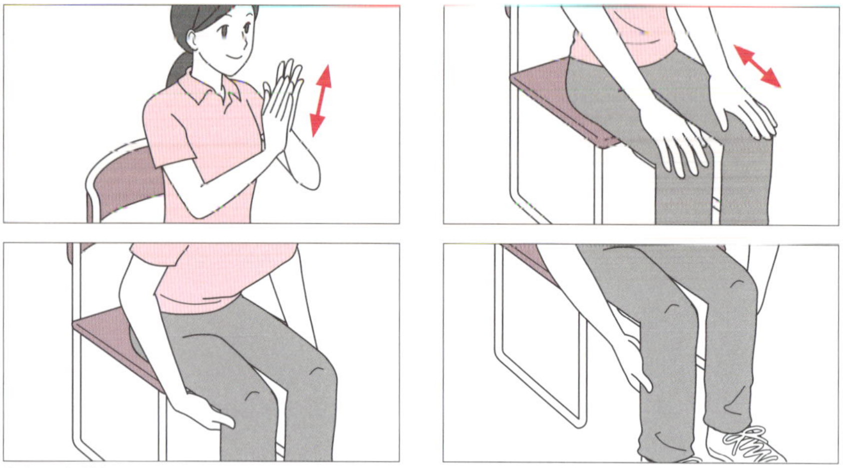

ももの裏側も　　　下腿部も

左右の手のひらをすり合わせてから、太もも・ひざ・すね・ふくらはぎ……と、足全体を押しさすりましょう。

効果 運動前に足をリラックスさせます。
ポイント 両手をすり合わせたり足全体をさすったりすることで、手のひらの感覚も刺激します。

2 軽く足踏み（1から10を続けて3セット）

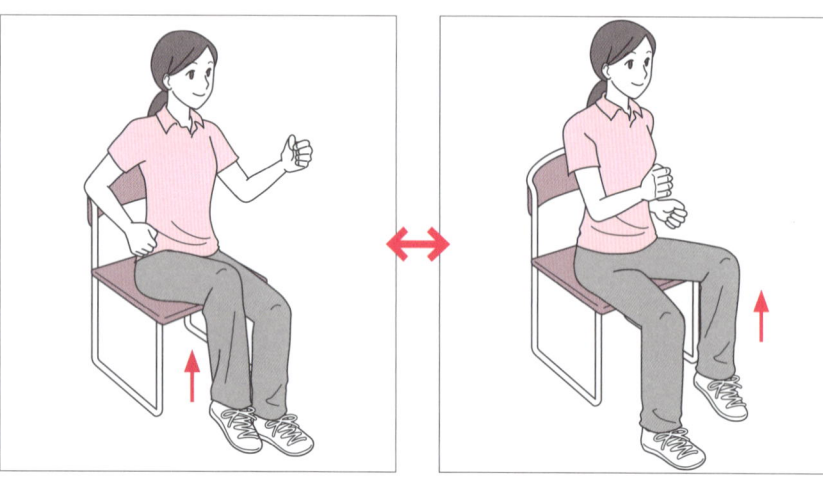

ももはあまり高く上げなくてもいいですよ。できる方は腕も軽く振ってみましょう。1から10を三度数えましょう。

効果 足の筋肉を刺激します。
ポイント 歩数を増やすことで、筋肉の持久力を高める効果も得られます。

3 指折りひざ伸ばし（左右3回ずつ）

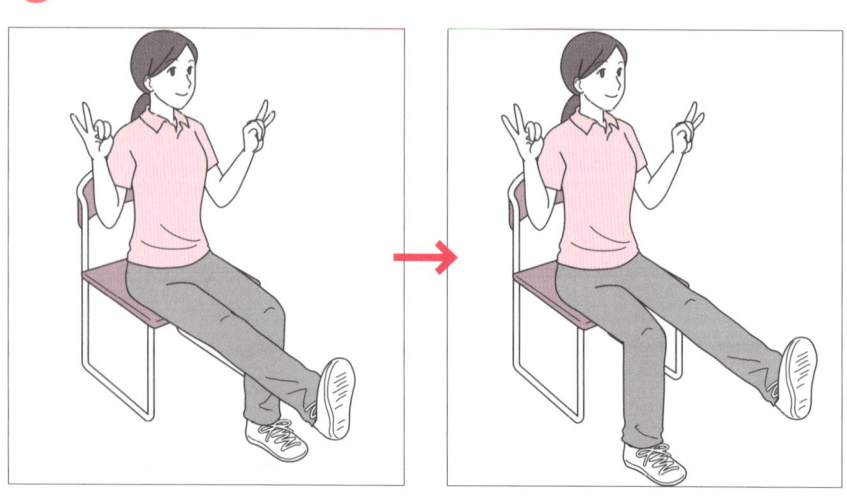

ひざを伸ばしたまま、指折りしながら10数えましょう。

効果 ひざの筋肉を鍛えます。
ポイント 伸ばした状態を保つことで、筋肉への刺激が増え、筋力アップ効果が高まります。

基礎コース　みんなで元気になり体操A

4　大きく足踏み　カウントダウン

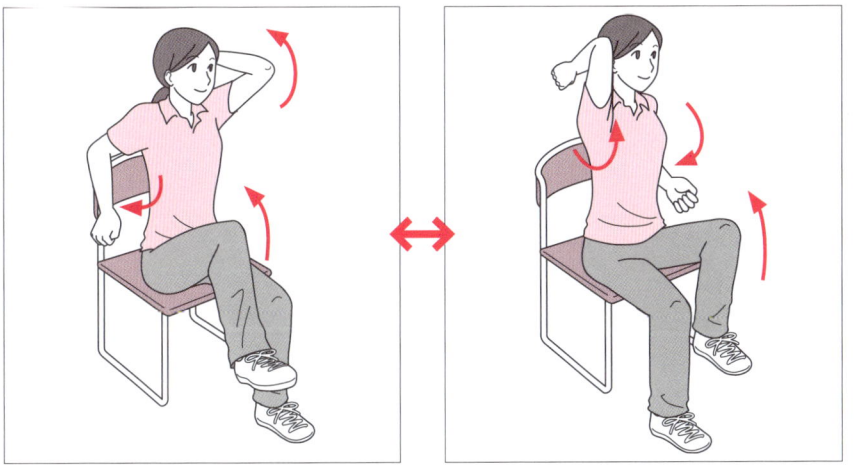

さっきの足踏みよりも手足を大きく動かします。19からゼロまで、いっしょに数えてください。

効果　腸腰筋を鍛えます。
ポイント　いつもと異なる数え方をすることで、頭の体操にもなります。背もたれで腕振りしづらい場合は、ひじを高く上げるように声掛けしましょう。

5　ドスン！　と足踏み（20歩）

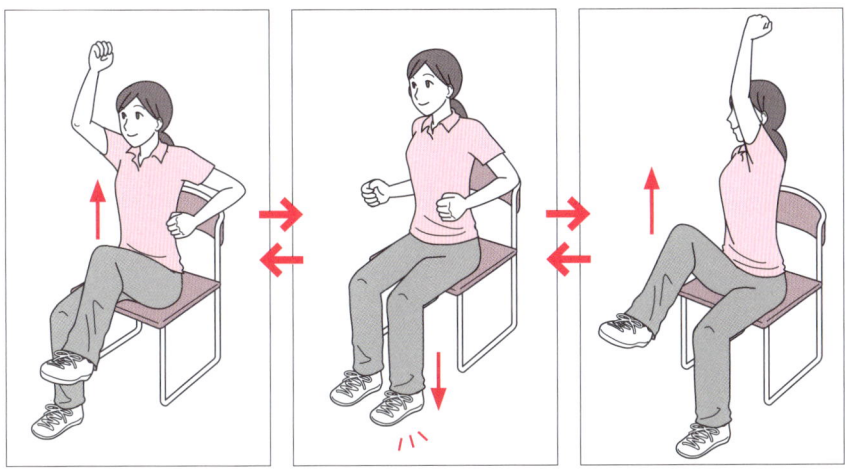

もう一度足踏みします。今度はドスン！　と勢いをつけて下ろしましょう。骨に刺激が伝わり、骨を強くする効果があります。皆さんで力強い音を出しましょう！

効果　腸腰筋の強化、骨を強くします。
ポイント　足に痛みのない範囲で足踏みしましょう。

6　足さすり
※マヒのある人は、ももをさするだけでも良い。

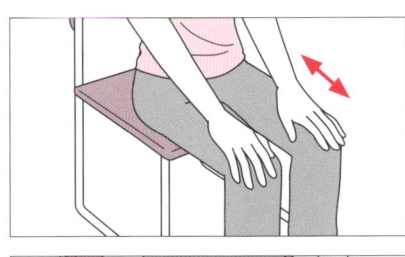
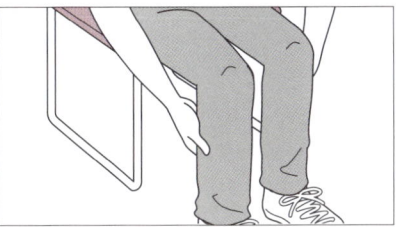
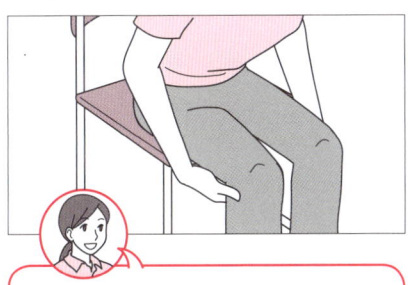

○ 深呼吸をする。

お疲れさまでした。先ほどと同じように、足全体をさすりましょう。手がたなでトントンたたくのもいいですね。

基礎コースA終了

基礎コース

みんなで元気になり体操B
下肢強化中心プログラム

対象となる利用者
- 歩いての移動に介助が必要、もしくは車イスに乗っている利用者
- 運動になじみのない利用者

実施時間
休憩を挟みながら20～25分

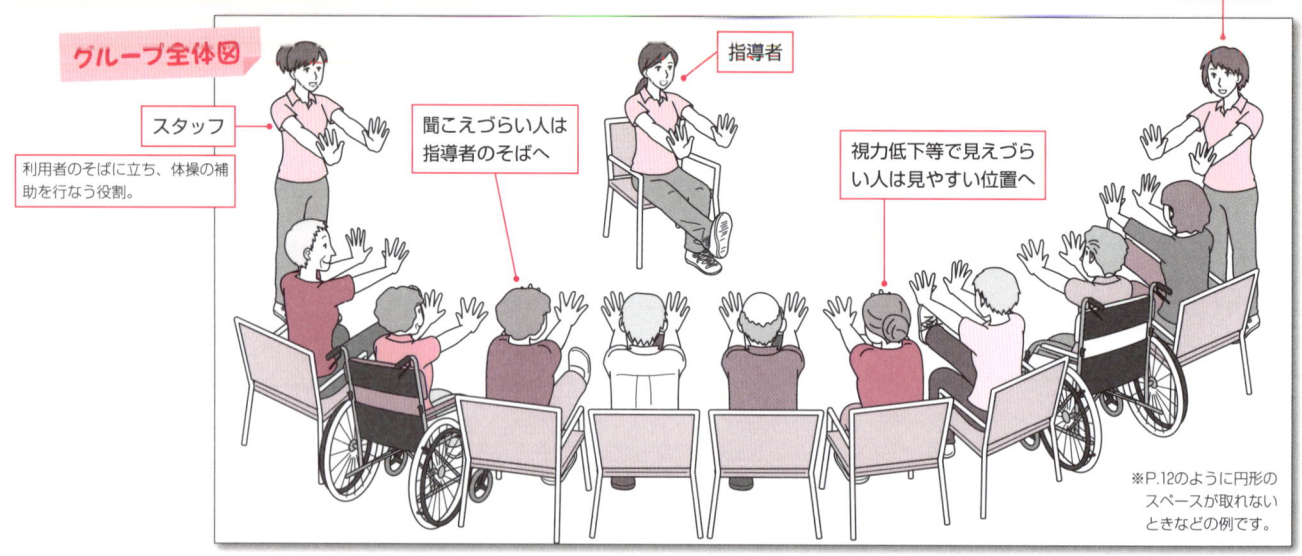

グループ全体図

スタッフ：利用者のそばに立ち、体操の補助を行なう役割。

指導者

聞こえづらい人は指導者のそばへ

視力低下等で見えづらい人は見やすい位置へ

スタッフ

※P.12のように円形のスペースが取れないときなどの例です。

プログラムの流れ

◎ 深呼吸

Ⅰ 上半身のびのび体操（P.24～26）

1 首筋伸ばし

2 グーパー体操

3 腕ブラブラ

4 肩上げ下ろし

5 腕斜め上げ

6 連続パンチ

7 体をひねりながらパンチ

Ⅱ 座位バランス運動（P.27）

1 空気壁押し

2 前方手伸ばし

基礎コース　みんなで元気になり体操B

このコースについて

＊特徴

立ち上がりや歩行など、脚力を要する動作を楽に行なえるよう、下肢の筋力を高める体操を中心に構成されています。

指導の際のポイント

① 姿勢を正してもらいましょう。
② 耳が聞こえづらい人は指導者の近くで参加してもらうなど、場所の配慮をしましょう。
③ マヒなどの影響で十分な運動が行なえないときは、スタッフが動きを介助しましょう。
④ 車イスに乗っている利用者は、フットレストから足を下ろすように声掛けしましょう。
⑤ 体調や痛みの変化にも注意し、無理のない範囲で運動を行なってください。

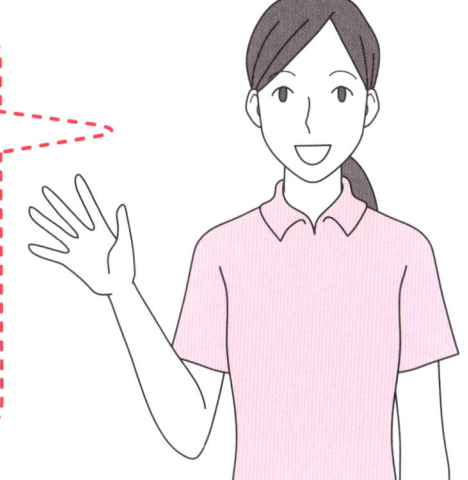

Ⅲ 脚力アップ体操（P.28〜30）

1　手足さすり
2　ひじ曲げ・つま先上げ
3　バンザイ・かかと上げ
4　ひざブラブラ曲げ伸ばし
5　足こぎ運動
6　手足のコンビネーション運動
7　軽く足踏み
8　ドスン！　と足踏み
9　足さすり
◯　深呼吸

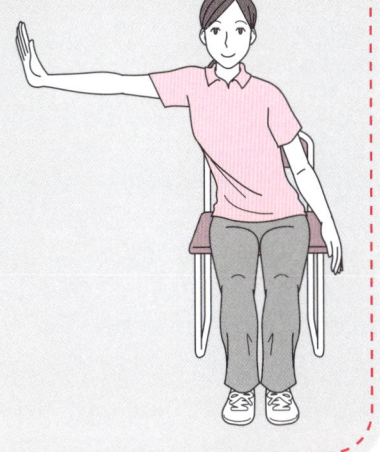

基礎コース　みんなで元気になり体操B（下肢強化中心プログラム）

I 上半身のびのび体操

大きく深呼吸をする（3回）

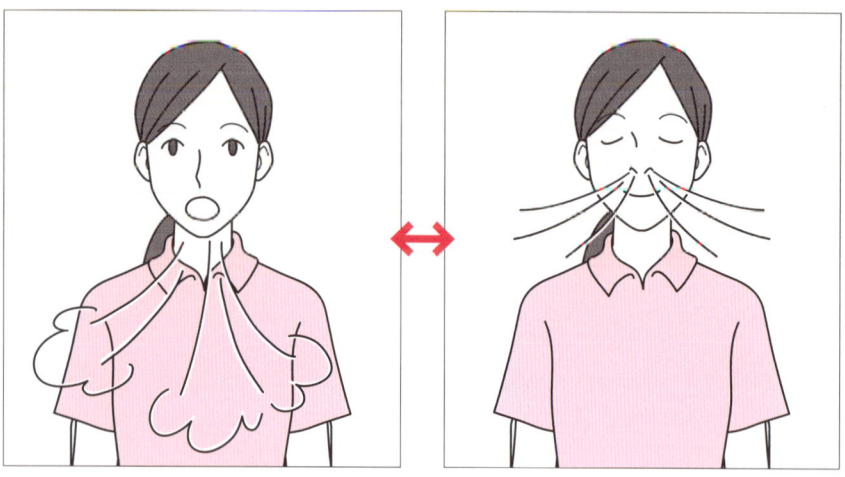

最初に体の余分な空気を吐き出してから、新鮮な空気を鼻から吸い込みましょう。

効果 運動前に心身をリラックスさせます。

ポイント 鼻から吸って、軽く口をすぼめ、吸ったときの倍の時間をかけて口から吐き出します。大切なのは、「呼吸を意識すること」と「吐ききること」です。

1 首筋伸ばし（左右とも5回ずつ前後に）

頭をゆっくり横に傾けます。おじぎをして、戻します（おじぎをしたときに、首筋が伸びているのを感じてください）。このままゆっくり前後に5回動かします。

効果 首周りの筋肉を伸ばします。

ポイント 頸椎を傷めないよう、後ろへは軽く動かす程度で良いです。

2 グーパー体操（10回を2セット）

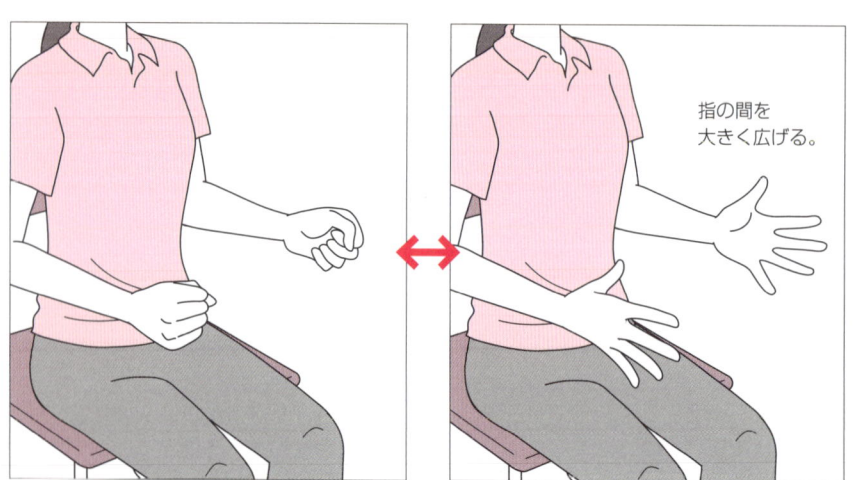

指の間を大きく広げる。

しっかりグーっと握った後、パッと大きく伸ばしてください。指の間も大きく広げましょう。

効果 指の動きを良くするのはもちろん、握力を高めます。

ポイント 指の伸び・広がりを意識して行ないます。開くときはしっかりと開きましょう。

3 腕ブラブラ

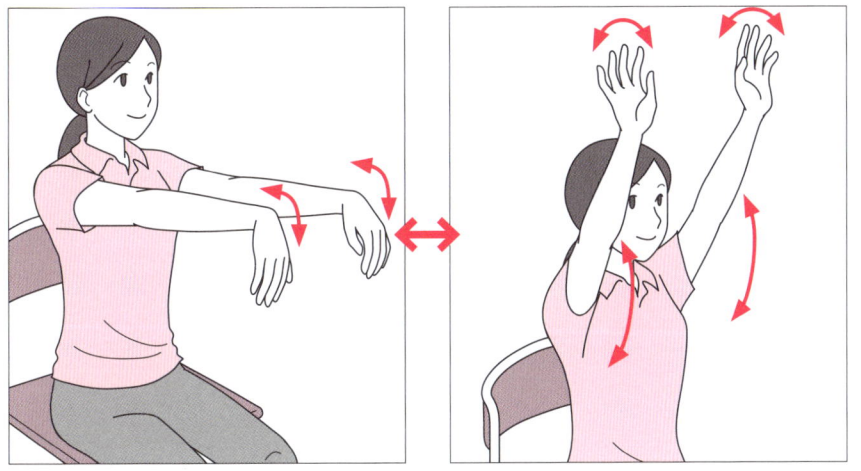

手と腕をブラブラさせながら、少しずつバンザイして……ブラブラゆっくり下ろしていきましょう。

効果 2で動かした手指をリラックスさせます。

ポイント 手に力を入れすぎないよう注意しながら、腕を上げて下ろすまでは10秒くらいを目安にします。指導する人は、声を出さずに頭の中で数えれば良いです。

4 肩上げ下ろし（5回）

両肩をすくめます。イチ・ニ・サン・シと数え、ゴでストンと下ろします。

効果 肩周りの筋肉をほぐします。

ポイント 肩こり予防に効果的な体操です。

もう少し活発に動きますよ。

基礎コース　みんなで元気になり体操B（下肢強化中心プログラム）

I 上半身のびのび体操

5 腕斜め上げ（左右5回ずつ）

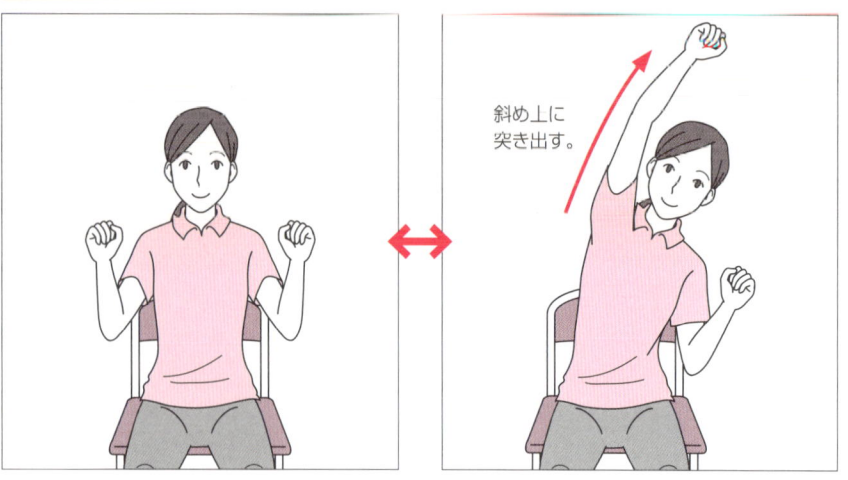

斜め上に突き出す。

右腕を斜めに突き上げるようにして、脇腹の伸びを感じてください。ゆっくり戻します。5回繰り返したら、反対側でも同じように行ないますね。

効果 脇腹の柔軟性を高めます。

ポイント 突き上げた姿勢を保つことで、ストレッチ効果が高まります。腰痛がある方は、無理に体を動かさず、腕を上げるだけでもストレッチ効果は得られます。

6 連続パンチ（左右5回ずつ）

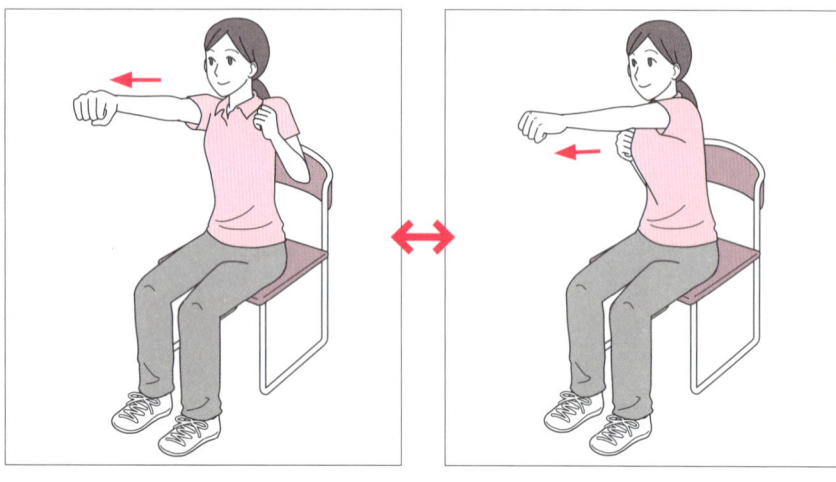

背筋を伸ばしたままパンチします。1回1回、しっかりと交互にこぶしを突き出してください。反対側のこぶしは胸にしっかり引き寄せますよ。

効果 ひじ・肩周り・体幹の筋肉を刺激します。

ポイント こぶしを前に突き出す際、体の軽いねじりを加え、胸や脇腹にある筋肉への刺激を高めます。

7 体をひねりながらパンチ（ゆっくり大きく、右5回・左5回）。

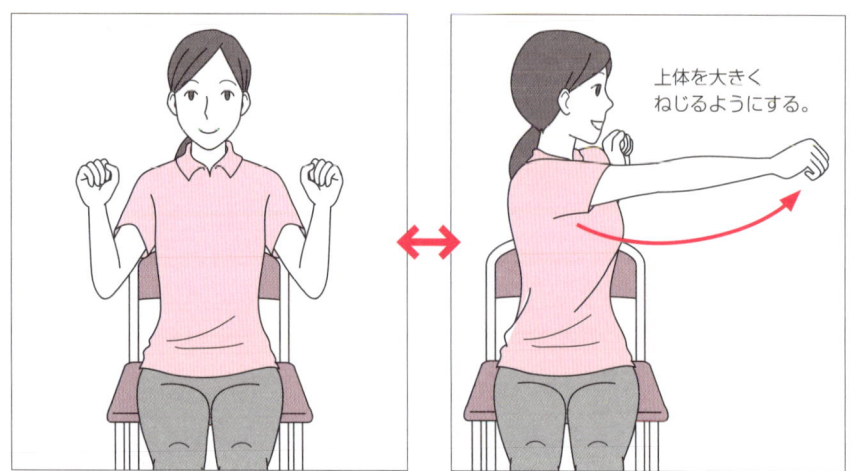

上体を大きくねじるようにする。

最後に、体をひねりながらパンチします。手が動かない人は、体だけひねってください。右・左と、5回ずつひねりましょう。

効果 体幹の柔軟性を高めます。

ポイント 腰痛のある人は、痛みの生じない範囲で行ないましょう。

Ⅱ 座位バランス運動

1 空気壁押し（左右5回ずつ）

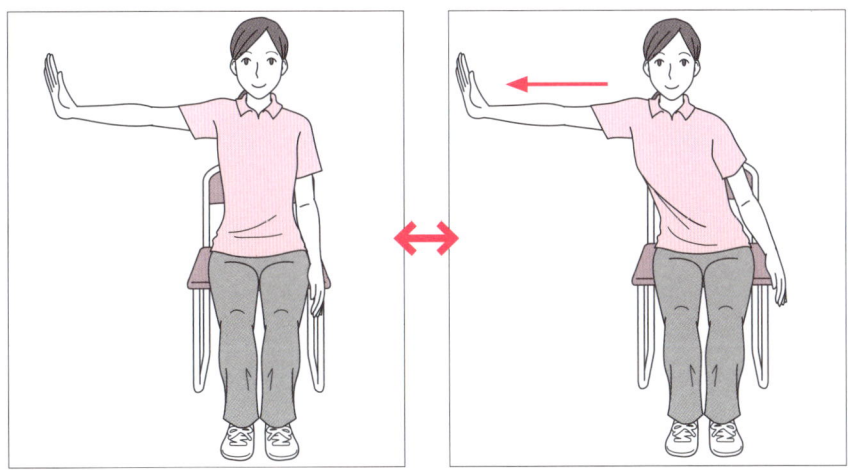

見えない壁を押すように、右腕をじわ〜っと伸ばしてください。おしりの左側が浮くぐらいまで伸ばしたら、ゆっくり戻ります。5回繰り返したら、反対側でも同じように行ないます。

効果 体幹筋の活動を促進させ、座位を安定させます（横方向）。

ポイント 逆方向のおしりを浮かせるイメージで、押した側にしっかり体重をかけます。

2 前方手伸ばし（右手・左手5回ずつ）

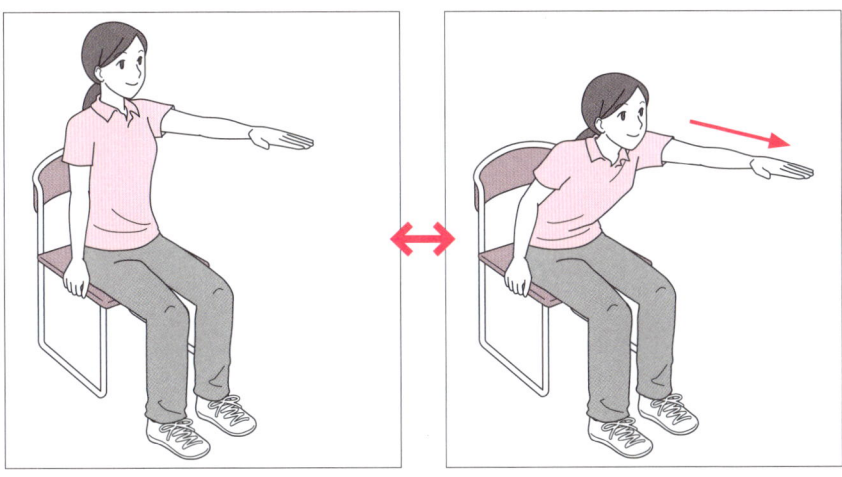

今度は、手を前の方にじわ〜っと伸ばします。「もう伸びないかな〜」と感じたところでゆっくり戻してください。5回繰り返したら、反対の手でも同じように行ないます。

効果 体幹筋の活動を促進させ、座位を安定させます（前方向）。

ポイント 立ち上がる際や食事の際など、体を背もたれから離すために必要な動きです。

次は足を動かしてみましょう。

基礎コース　みんなで元気になり体操B（下肢強化中心プログラム）

Ⅲ 脚力アップ体操

座位が安定している人には浅く腰掛けてもらう。　おなかや背中の筋肉を働かせる効果があります。

1 手足さすり
※マヒのある人は、ももをさするだけでも良い。

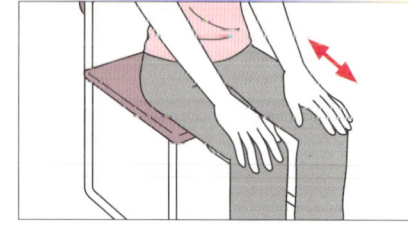

ももの裏側も　　下腿部も

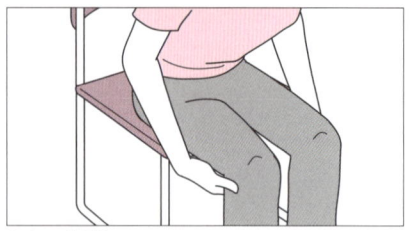
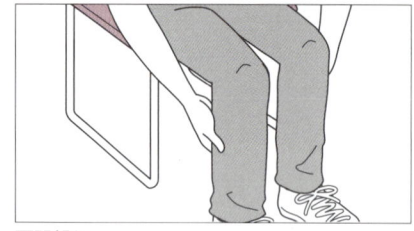

左右の手のひらをすり合わせてから、太もも・ひざ・すね・ふくらはぎ……と、足全体を押しさすりましょう。

効果　運動前に足をリラックスさせます。
ポイント　両手をすり合わせたり足全体をさすったりすることで、手のひらの感覚も刺激します。

2 ひじ曲げ・つま先上げ（10回）

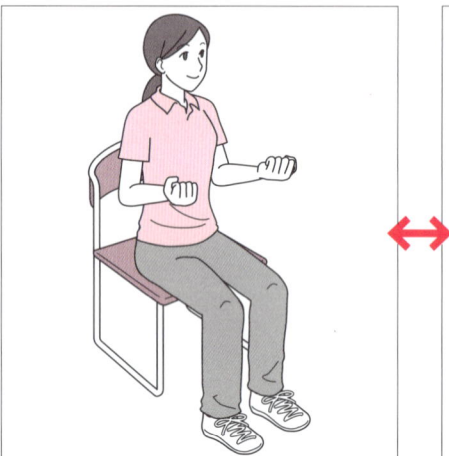
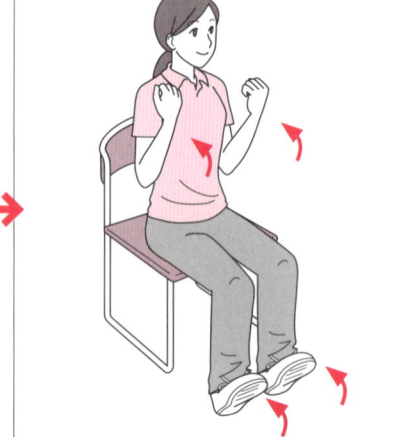

ひじの曲げ伸ばしとつま先の上げ下ろしを同時に行ないます。つまずき予防のため、つま先を上げる働きを持つすねの筋肉は特に重要です。

効果　すねの筋肉を鍛えます。
ポイント　手足の同時運動が難しいときは、最初にひじだけ、足首だけ……と個々に動かした後で、「今度はいっしょに動かしてみましょう」と声掛けすると、スムーズに動かせることがあります。

3 バンザイ・かかと上げ（10回）

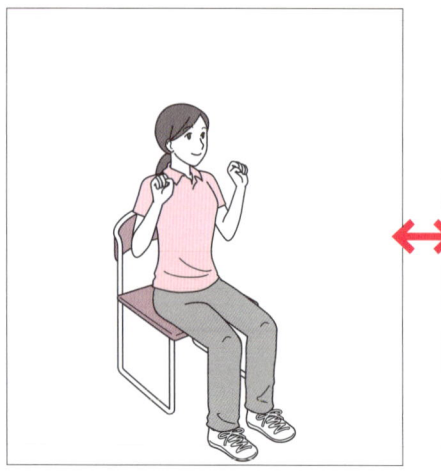
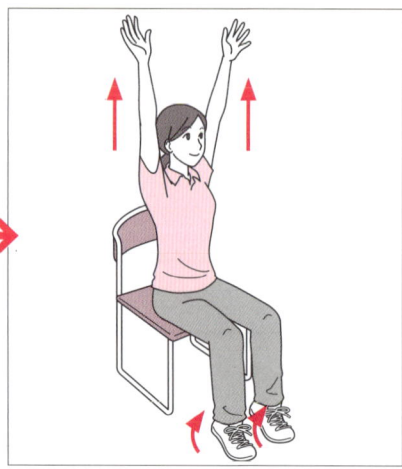

胸のあたりで握りこぶしを作ります。今度は手を一気にパーッと開きながら、かかとをしっかりと持ち上げます。10回繰り返しますよ。

効果　ふくらはぎの筋肉を鍛えます。
ポイント　天井に向かってしっかりバンザイすることで、上半身の筋肉へも良い刺激が加わります。

基礎コース　みんなで元気になり体操B

4 ひざブラブラ曲げ伸ばし（左右10回ずつ）

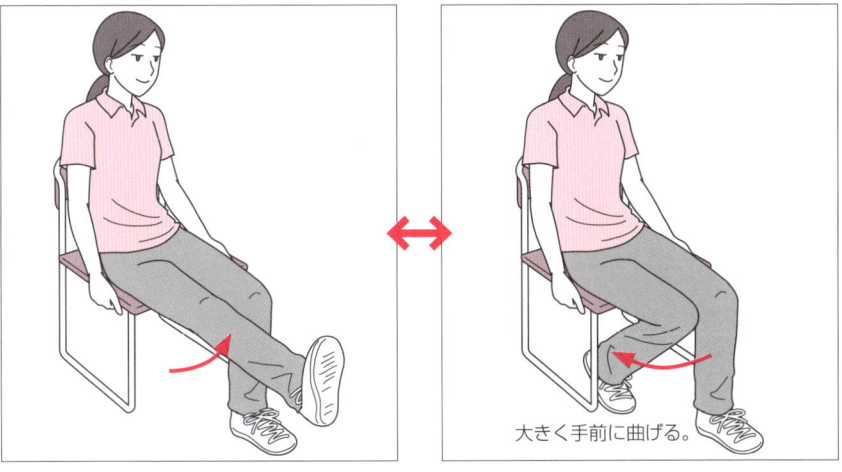

大きく手前に曲げる。

片ひざを痛みのない範囲で楽に、「伸ばしてー、曲げてー、伸ばしてー……」と、10回繰り返します。反対側も同じように行ないますよ。

効果 ひざ周りの循環を促し、5以降の運動に備えます。
ポイント 力を入れる必要はないですが、できるだけ深く曲げ、振り伸ばすことを意識してもらいましょう。

5 足こぎ運動（5回転を左右交互に2回ずつ）

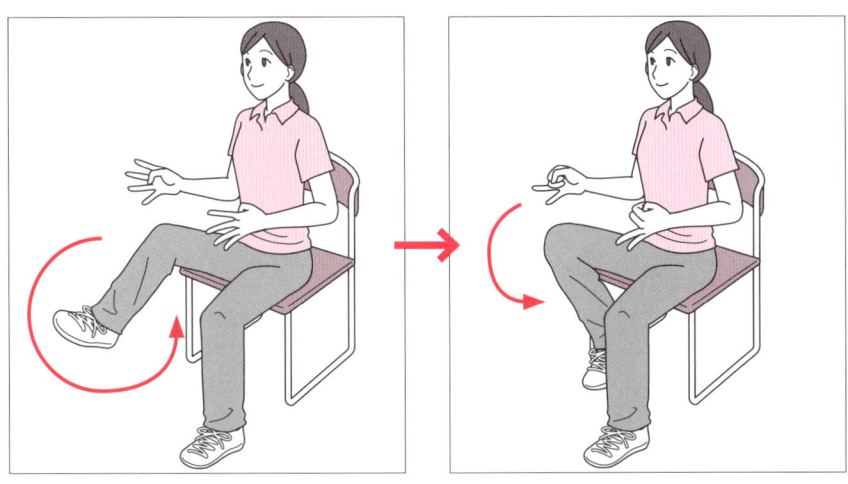

片方のももを持ち上げたまま、自転車をこぐように5回転させます。指折りしていっしょに数えてください。反対側も同じように、2回ずつ行ないましょう。

効果 股関節・ひざ関節周りの筋肉を鍛えます。
ポイント 声を出して数えることで、いきみの予防になります。

6 手足のコンビネーション運動（左右交互に3回ずつ）

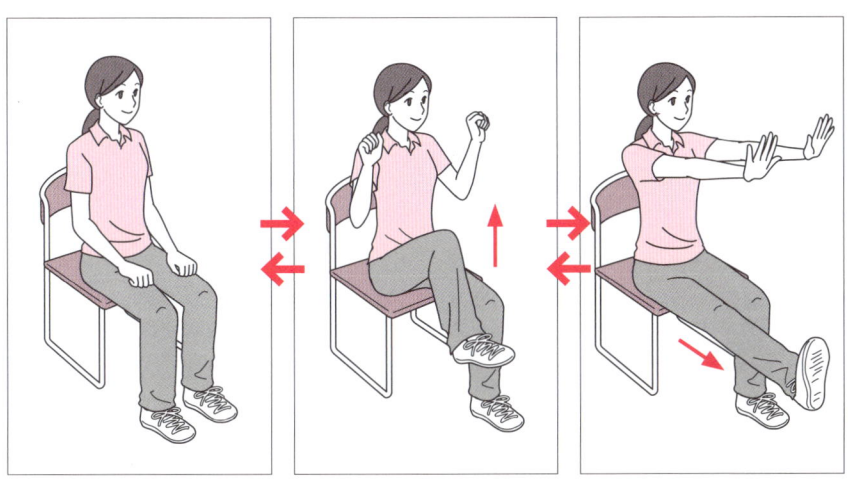

片ももを上げると同時に、ひじを曲げます。続いて両腕と上げた足を同時に突き出します。再び両腕と太ももを上げて、元の姿勢に戻ります。右足・左足を交互に繰り返しましょう。

効果 腸腰筋と足全体を伸ばす筋力を高めます。
ポイント 実際に動きを見せ、「手足を曲げて、突き出して、また曲げて、下ろす」と声掛けするだけでも、理解されやすいです。

次ページへ続く

29

基礎コース　みんなで元気になり体操B（下肢強化中心プログラム）

Ⅲ 脚力アップ体操

7 軽く足踏み（1から10を続けて3セット）

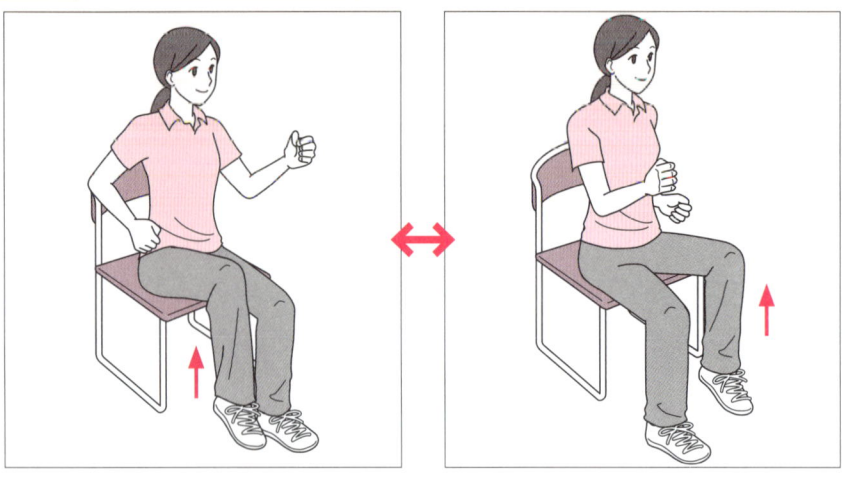

ももはあまり高く上げなくてもいいですよ。できる方は腕も軽く振ってみましょう。1から10を三度数えましょう。

効果 足の筋肉を刺激します。
ポイント 歩数を増やすことで、筋肉の持久力を高める効果も得られます。

8 ドスン！　と足踏み（20歩）

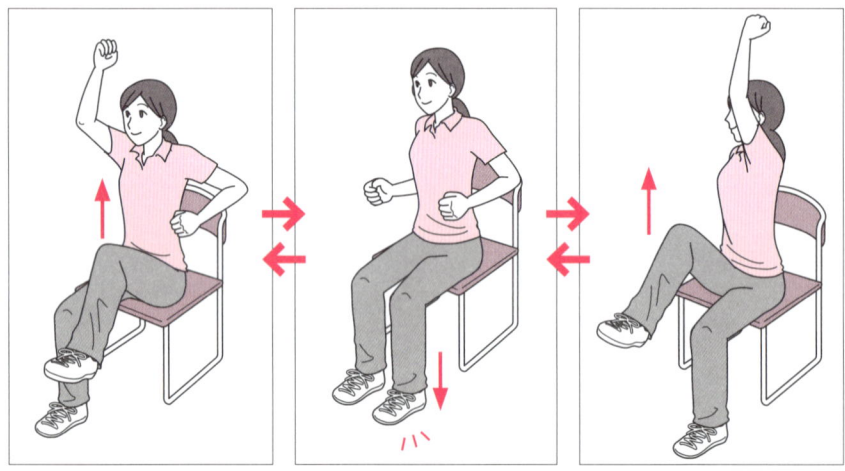

もう一度足踏みします。今度はドスン！　と勢いをつけて下ろしましょう。骨に刺激が伝わり、骨を強くする効果があります。皆さんで力強い音を出しましょう！

効果 腸腰筋の強化と、骨を強くします。
ポイント 足に痛みのない範囲で足踏みしましょう。

9 ももを手でさする。
※麻痺のある人は、ももをさするだけでもよい。

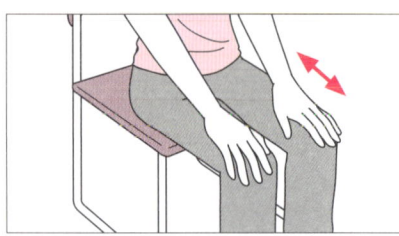

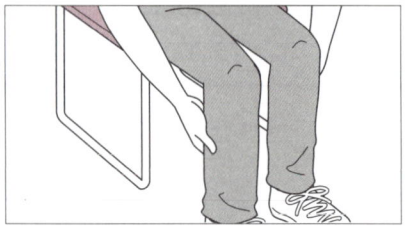

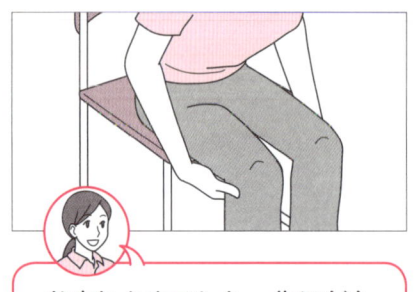

○ 深呼吸をする。

お疲れさまでした。先ほどと同じように、足全体をさすりましょう。手がたなでトントンたたくのもいいですね。

基礎コースB終了

コラム 【豆知識】筋肉の働きを知ろう！

この本に出てくる代表的な筋肉を紹介します。

【❶腸腰筋】大腰筋と腸骨筋からなる、股関節の奥深くにある筋肉で、股関節を曲げる作用があります。特に大腰筋は、数ある人体の筋肉の中で唯一、上半身（背骨）と下半身をつなぐ筋肉で、立位での動作における姿勢の保持に、重要な役割を持っています。

【❷ひざの筋肉】大腿四頭筋を指しています。ひざを伸ばす働きを持ち、立つ・歩くなど、移動を伴う動作において、ひざ関節を安定させる効果があります。この筋肉が衰えると、関節そのものに負担が掛かり、痛みや変形性ひざ関節症を引き起こすことがあります。この筋肉を鍛えることにより、ひざ関節への負担を減らし、痛みを軽減させる効果が期待できます。

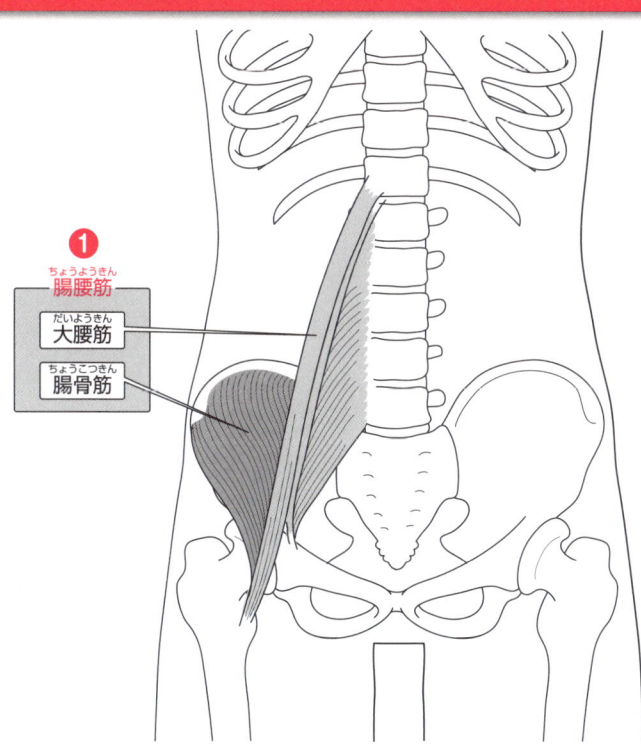

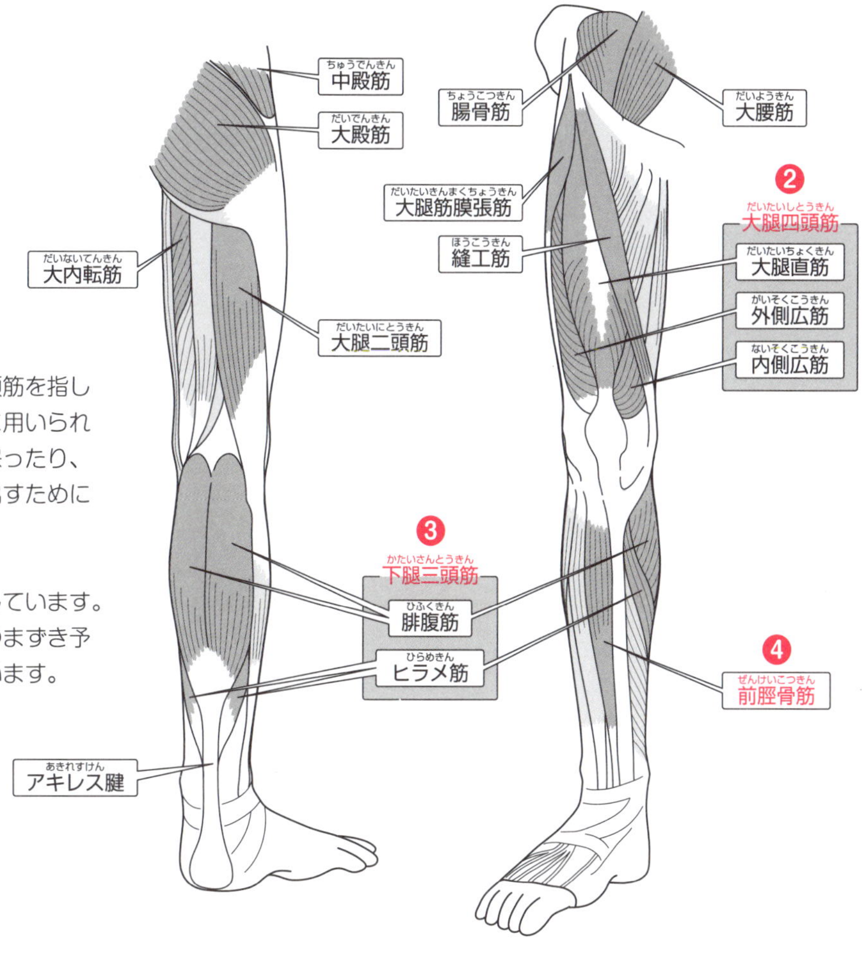

【❸ふくらはぎの筋肉】下腿三頭筋を指しています。かかとを上げる際に用いられます。重力に逆らって姿勢を保ったり、歩く・走る際に体を前へ押し出すために必要な筋肉です。

【❹すねの筋肉】前脛骨筋を指しています。つま先を上げる作用があり、つまずき予防に欠かせない役割を持っています。

31

応用コース
みんなで元気になり体操C
上肢強化中心プログラム

対象となる利用者
屋内での歩行が自立または見守りがあれば歩行可能な方

実施時間
休憩を挟みながら25〜30分

グループ全体図

※平行棒が無いときは、一般的な福祉施設で用いられているイスを前方にセッティングし、背もたれを平行棒代わりにして用いましょう。

プログラムの流れ

 深呼吸

I 準備体操（P.34〜37）

1. グーパー体操
2. 指伸ばし
3. 腕ブラブラ
4. 肩上げ下ろし
5. 上体ねじり
6. 腕斜め上げ
7. 肩甲骨体操①
8. 肩甲骨体操②
9. 肩甲骨体操③
10. 逆深呼吸

II 下肢筋力強化・棒体操（P.38〜41）

1. 足指体操

応用コース　みんなで元気になり体操C

このコースについて

＊特徴

日常動作における姿勢の保持に必要な体幹や腕の各関節周りの筋・柔軟性を高めるための体操を取り入れています。

また、血流を促し、肩や腰の痛みを減らす効果が期待できます。

指導の際のポイント

- 足の裏がしっかりと床に着くようにし、運動中は背もたれに寄り掛からないようにしましょう。
- 体調や痛みの変化にも注意し、無理のない範囲で運動を行なってください。

新聞棒の作り方

① 新聞紙（朝刊＋夕刊）を重ねて、中心部にすき間ができないように注意しながら、折り目のほうから巻いていきます。

② 棒状にした新聞紙の中心にセロハンテープを巻いて固定し、さらに棒の周りと両端をビニールテープで巻きます。

2　背中の曲げ伸ばし

3　背筋伸ばし

4　棒を突き出しながらのステッピング

5　棒を持ち上げながらのもも上げ

6　ゆっくりコンビネーション（逆手持ち）

7　ゆっくりコンビネーション（順手持ち）

8　棒素振り

9　腕振り→ひじ曲げ腕振り→軽く足踏み

Ⅲ 立位での運動（P.42〜43）

1　立ち上がり→つま先立ち

2　立ち座り

3　足踏み運動＋カウントダウン

4　逆深呼吸（呼吸筋のストレッチ）

◎　深呼吸

次ページから始まります

33

応用コース　みんなで元気になり体操C（上肢強化中心プログラム）

Ⅰ 準備体操

大きく深呼吸をする（3回）

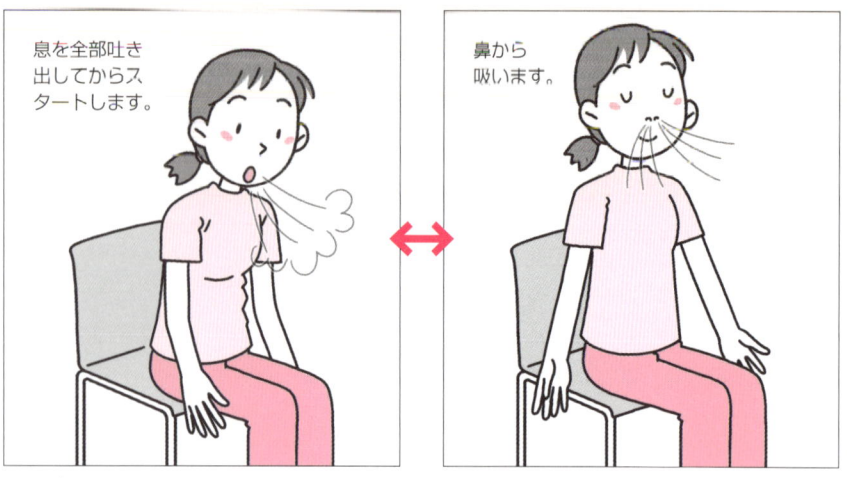

最初に体の余分な空気を吐き出してから、新鮮な空気を鼻から吸い込みましょう。

効果 運動前に心身をリラックスさせます。

ポイント 鼻から吸って、軽く口をすぼめ、吸ったときの倍の時間をかけて口から吐き出します。大切なのは、「呼吸を意識すること」と「吐ききること」です。

1 グーパー体操（10回を2セット）

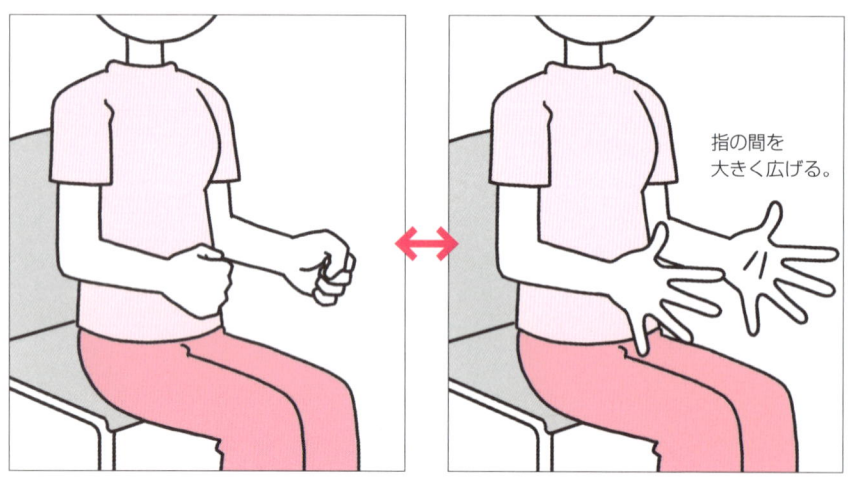

しっかりグーっと握った後、パッと大きく伸ばしてください。指の間も大きく広げましょう。

効果 指の動きを良くするのはもちろん、握力を高めます。

ポイント 指の伸び・広がりを意識して行ないます。開くときはしっかりと開きましょう。

2 指伸ばし（ゆっくり20秒を1回）

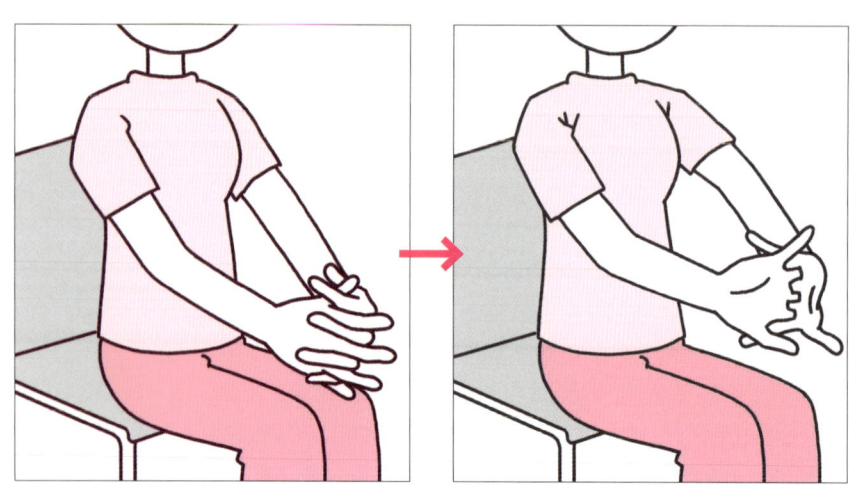

手を組んで裏返し、20秒掛けて、指をゆっくり伸ばします。

効果 指の筋肉がストレッチされます。

ポイント 最低でも15秒以上、時間を掛けて伸ばしましょう。

応用コース　みんなで元気になり体操C

3 腕ブラブラ

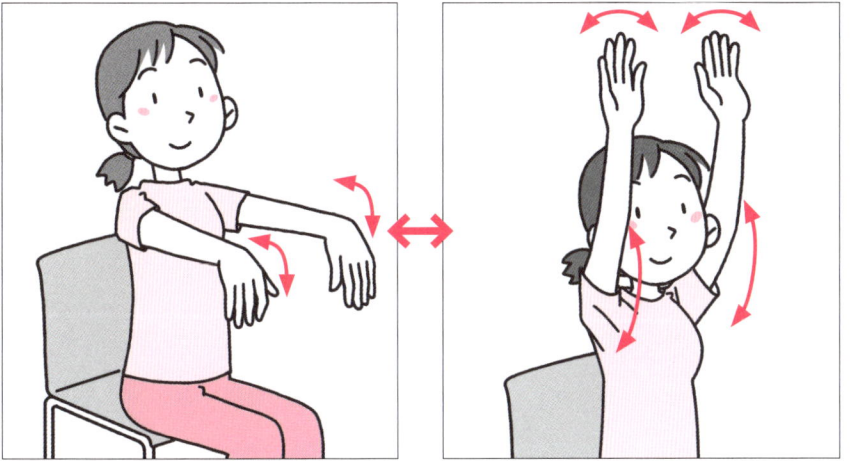

手と腕をブラブラさせながら、少しずつバンザイして……ブラブラゆっくり下ろしていきましょう。

効果 1・2で動かした手指をリラックスさせます。

ポイント 手に力を入れすぎないよう注意しながら、腕を上げて下ろすまでは10秒くらいを目安にします。指導する人は、声を出さずに頭の中で数えれば良いです。

4 肩上げ下ろし（5回）

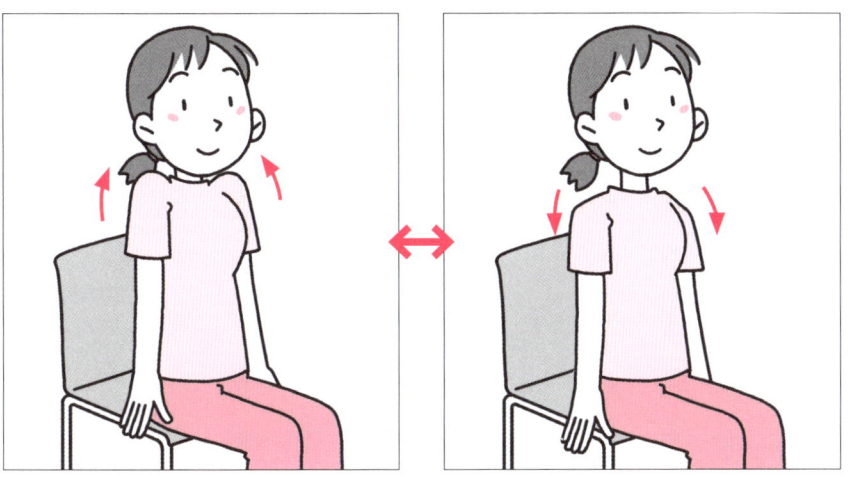

両肩をすくめます。イチ・ニ・サン・シと数え、ゴでストンと下ろします。

効果 肩周りの筋肉をほぐします。

ポイント 肩こり予防に効果的な体操です。

5 上体ねじり（左右交互に4回ずつ、計8回）

指を両肩に触れたまま、ゆっくりと大きく、体を右にねじります。真ん中に戻って、今度は左にねじります。

効果 背中の関節がほぐれ、腰部・脇腹の柔軟性を高めます。

ポイント 体をねじる際は背筋を伸ばし、首だけでなく、腰の方からしっかり動かしましょう。

Ⅰ 準備体操

6 腕斜め上げ（左右5回ずつ）

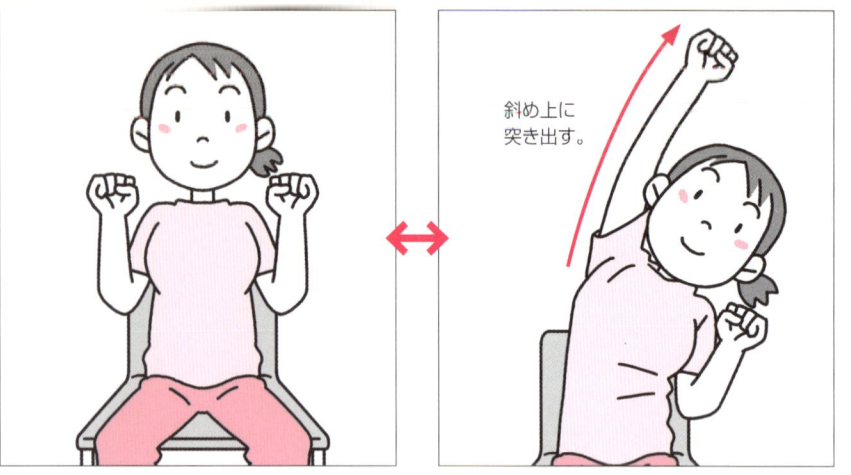

斜め上に突き出す。

右腕を斜めに突き上げるようにして、脇腹の伸びを感じてください。ゆっくり戻します。5回繰り返したら、反対側でも同じように行ないますね。

効果 脇腹の柔軟性を高めます。

ポイント 突き上げた姿勢を保つことで、ストレッチ効果が高まります。腰痛がある方は、無理に体を動かさず、腕を上げるだけでもストレッチ効果は得られます。

7 肩甲骨体操①
両手を握ってひじを曲げた状態から、真上に伸ばしながら頭上でパーにして開く（8回）。

できるだけ真上に伸ばす。

握った両手を真上に伸ばして、パーにしてください。手を上げたとき、背筋もしっかり伸ばすようにしましょう。8回繰り返しますよ。

効果 肩の動きを良くします。

ポイント 肩に痛みにある方は、痛くない範囲でゆっくり行ないましょう。

8 肩甲骨体操②
両手を広げた状態から、おでこのあたりで交差させる（8回）。

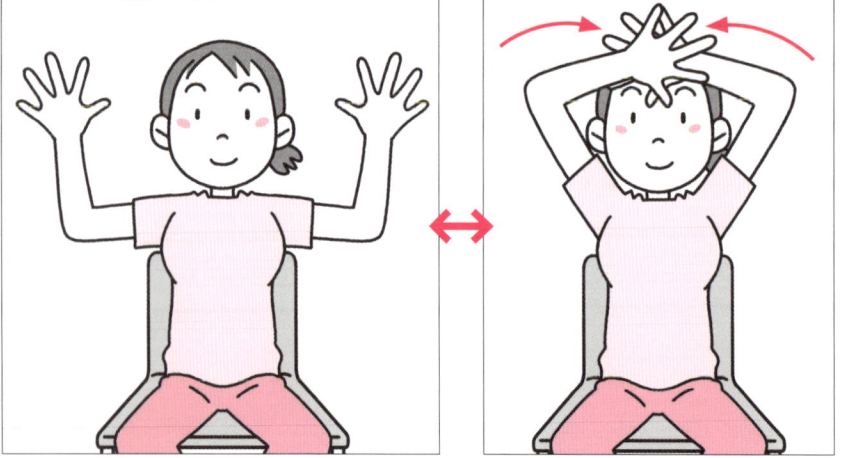

胸を軽く張り、腕を大きく動かすことで、肩周りの動きを広げます。両手を広げて背筋を伸ばし、おでこのあたりで交差させてください。8回行ないます。

効果 肩周りの動きを良くします。

ポイント 姿勢を正し、肩甲骨の動きを意識して行ないましょう。

応用コース　みんなで元気になり体操C

9 肩甲骨体操③
両手でロープを引き寄せるような動きをしながら、胸を張る（8回）。

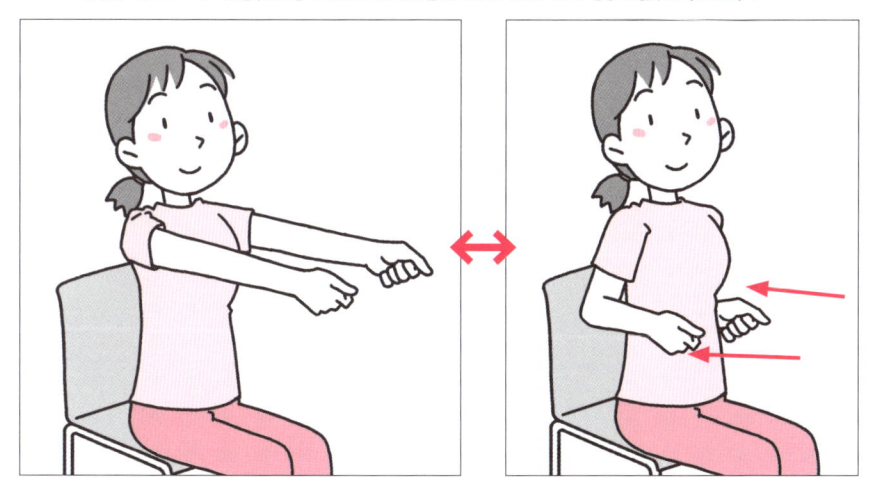

ロープをつかむようにして、両手をわきに深く引き寄せながら、胸を張ります。

効果 ネコ背を予防します。
ポイント 左右の肩甲骨を内側に寄せるように胸を張りましょう。

10 逆深呼吸（呼吸筋のストレッチ）（3回）

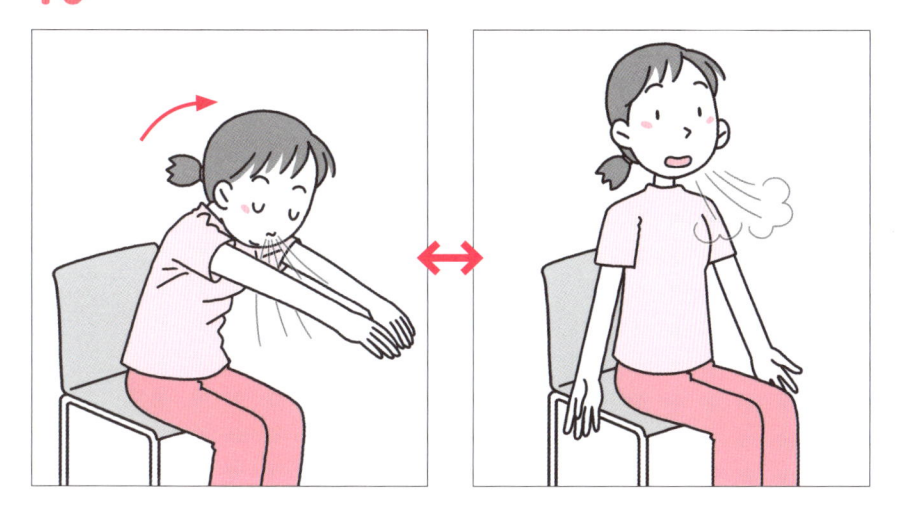

座ったまま背筋を伸ばし、鼻から息を吸いながら背中を丸めてください。今度は吐きながら、背筋を伸ばした姿勢に戻ります。3回繰り返しましょう。

効果 呼吸する筋肉を伸ばします。
ポイント 最初に普通の深呼吸を行ない、「逆に、背中を丸めながら息を吸います」と伝えると良いです。

今度は力をつける運動を行ないます。

応用コース　みんなで元気になり体操C（上肢強化中心プログラム）

II 下肢筋力強化・棒体操

1 足指体操

❶ 足の指でグーパーする（10回）。

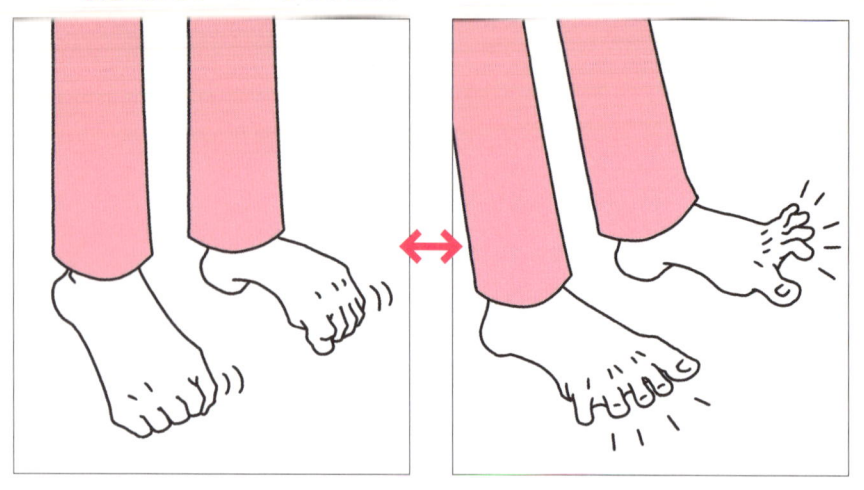

つま先を軽く持ち上げたまま、足の指でグーパーしてください。

効果 足の裏にある筋群の筋力・感覚を向上させ、地面をしっかり踏みしめる力を養います。

ポイント 足の裏の筋肉はつりやすいので、ゆっくり動かしましょう。

❷ 足の指をシャクトリムシのように動かして前に進める（3回）。

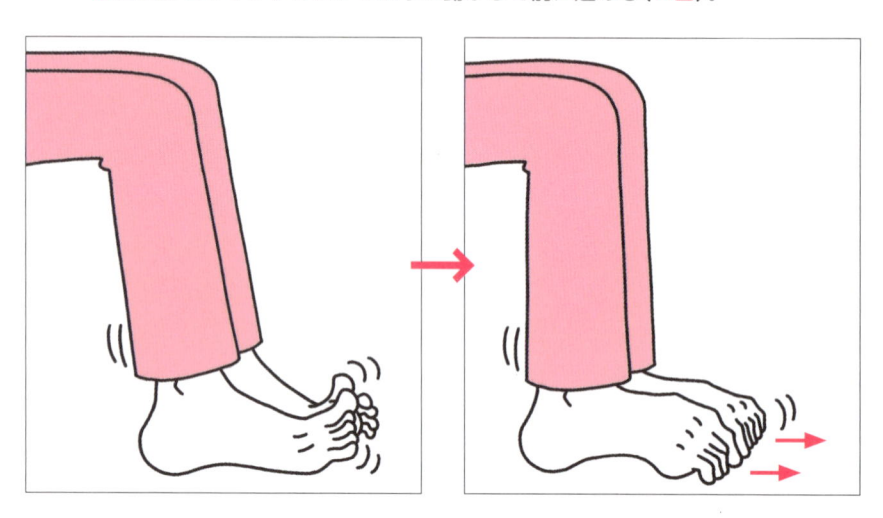

シャクトリムシのように、足の指を前へ進めてください。3回繰り返して、終わったら足を軽くブラブラさせてください。

効果 地面をしっかりと踏みしめる力をつけます。

ポイント いきなり動かそうとすると足がつる場合がありますので、初めはゆっくり行なってください。

2 背中の曲げ伸ばし（体幹・骨盤の可動域改善）（5回）

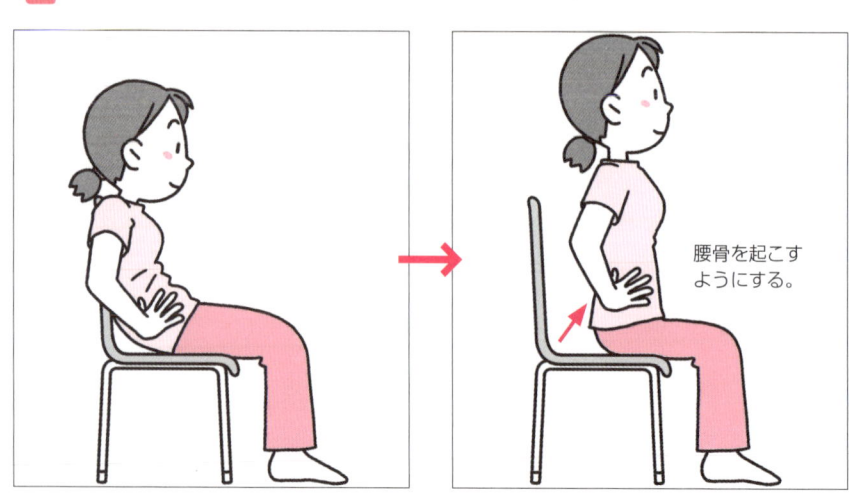

腰骨を起こすようにする。

姿勢を崩すように、背もたれに寄り掛かってください。悪い姿勢からよい姿勢になるように、背中を起こして、背筋をしっかり伸ばします。5回繰り返したら、そのまま背筋を伸ばしっぱなしにしてください。

効果 骨盤の動きを良くし、体幹筋群の筋力を向上させます。

ポイント 腰痛のある方は、無理せず行ないましょう。

応用コース　みんなで元気になり体操C

3 背筋伸ばし（体幹筋の強化）をする。

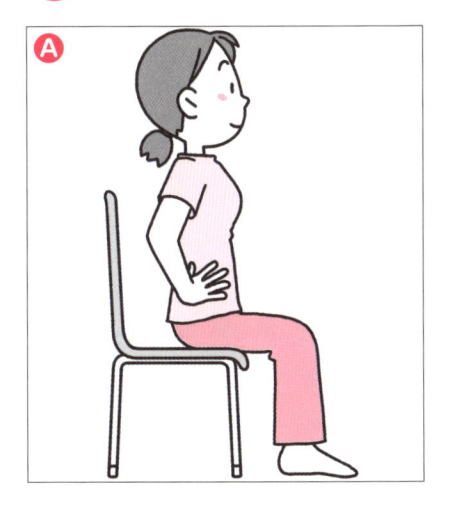

Ⓐ
Ⓑ

Ⓐ背筋を伸ばしたまま、30数えます。
Ⓑ伸びづらい人は、ももを支えてみてください。

効果 背筋の筋力を向上させます。
ポイント 腰痛のある方は、無理せず行ないましょう。

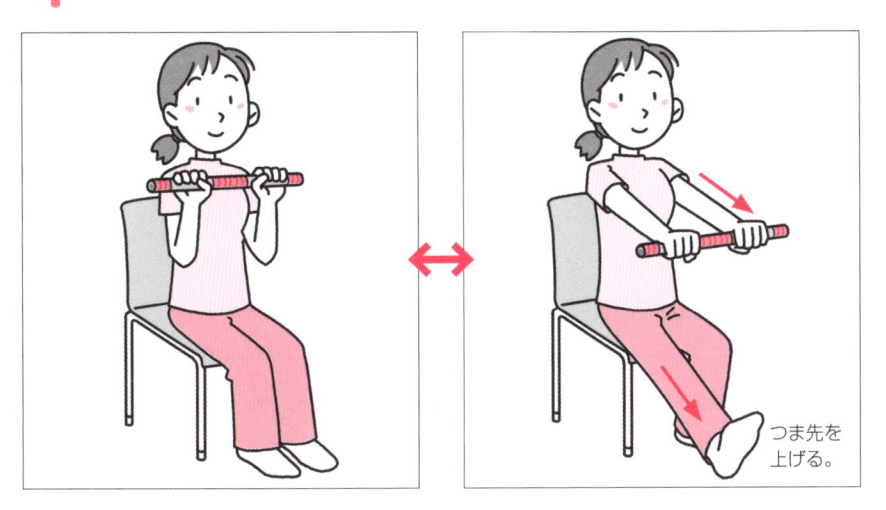

4 棒を突き出しながらのステッピングをする（計10回）。

つま先を上げる。

棒を使った運動をします。胸の前で、棒を両手で上から持って前に突き出しながら、足を前に出します。つま先を天井に向けるようにしましょう。ゆっくりと、右足・左足交互に10回繰り返します。右足・左足……

効果 すねとひざの筋力を向上させます。
ポイント つま先を上げることで、すねの筋力も刺激されます。

5 棒を持ち上げながらのもも上げ（大腰筋ほか太ももの運動）をする（計10回）。

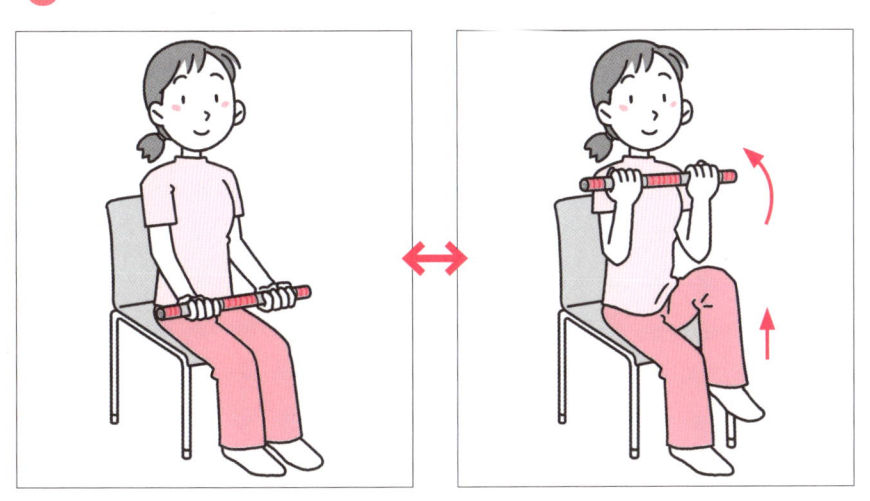

今度は棒を逆手に持って、胸もとに曲げながら、左右のももを交互に上げてください。ゆっくりと、左右交互に10回繰り返します。

効果 腸腰筋の筋力を向上させます。
ポイント ひじをしっかり曲げながら背筋を正し、ももを大きく持ち上げましょう。

次ページへ続く

応用コース　みんなで元気になり体操C（上肢強化中心プログラム）

Ⅱ 下肢筋力強化・棒体操

6 ゆっくりコンビネーション（逆手持ち）（4回）

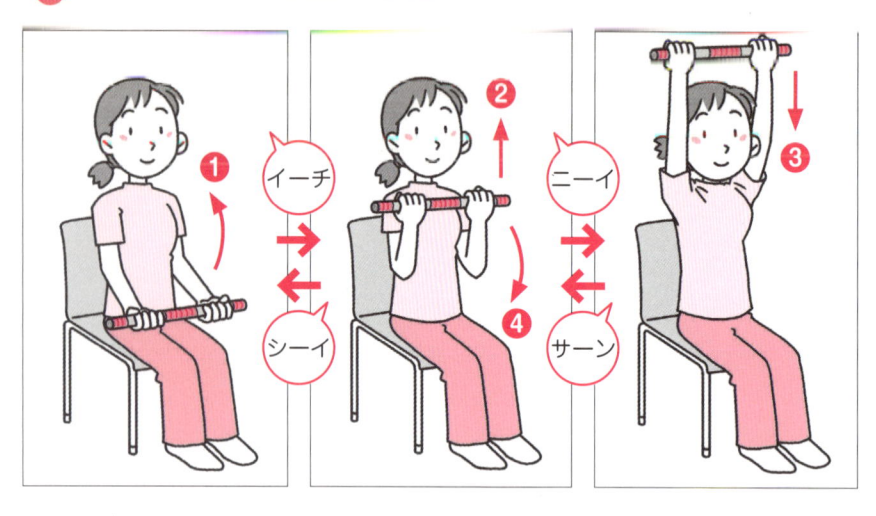

ひじを曲げる、棒を上げる、棒を下ろす、ひじを伸ばす動作の一つ一つを、**それぞれゆっくり行ないます**。速く動かさず、がまんしながら動かす感じです。

効果 ゆっくり動かすことで、筋肉の働きを高め、関節の保護にもなります。
ポイント ひとつひとつの動作を3・4秒掛けて、ひじ・肩を動かします。

7 ゆっくりコンビネーション（順手持ち）（4回）

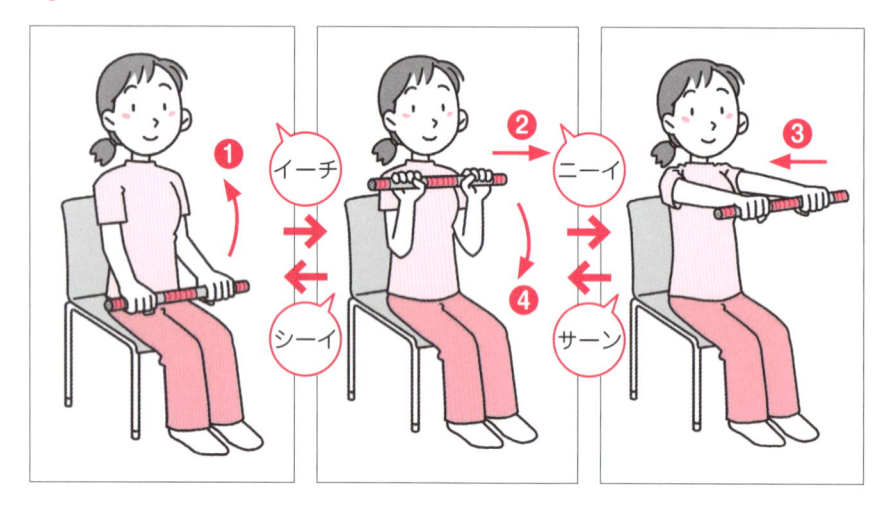

ひじを曲げる、棒を突き出す、棒を引き寄せる、元に戻す動作の一つ一つを、4つ数えながら**ゆっくり行ないます**。イーチ・ニーイ・サーン……

効果 ひじの筋力を向上させ、動きを良くします。
ポイント 6と同様に、ゆっくり動かすことを意識してもらいましょう。

8 棒素振り（10回）
※手にマヒがある場合は、健側のみで行なっても良い。

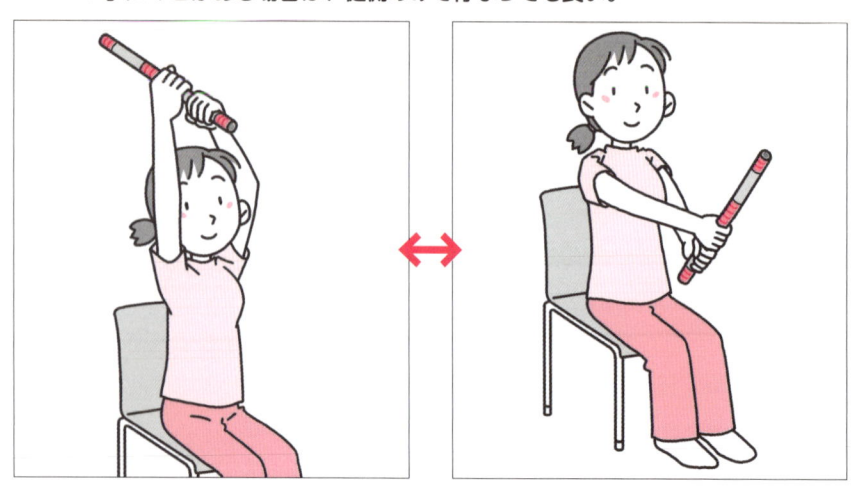

左手が下、右手が上になるように、両手で棒をしっかり握ります。頭の中央を通るように振りかぶります。手首に力を入れて、しっかり止めましょう。

効果 握力・手首の力を鍛えます。
ポイント 振り下ろす際、手首に力を入れ、しっかりと止めるようにしましょう。

応用コース　みんなで元気になり体操C

9 ❶腕振り（左右10回ずつ）→❷ひじ曲げ腕振り（左右10回ずつ）→❸軽く足踏み（20歩）をする（上肢リラックス）。

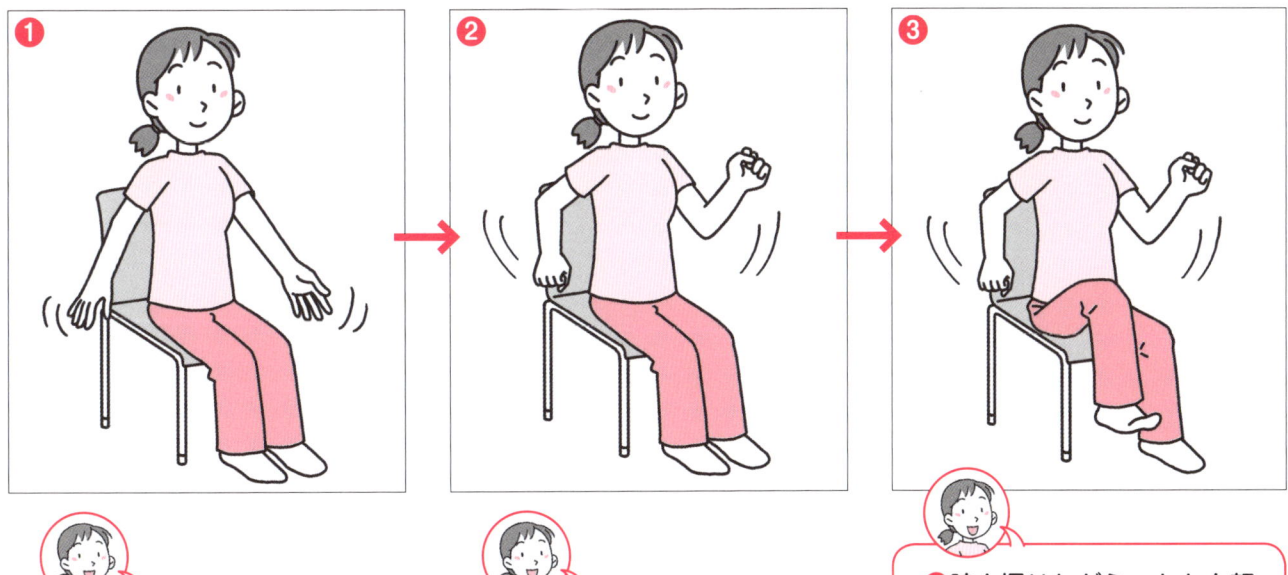

❶腕の重さを利用して、腕を軽くブラブラと振ります。左右10回ずつ振りましょう。

効果 肩・腕をリラックスさせます。
ポイント 腕を動かそうとせずに、腕の重さを利用して、力を抜いて行ないましょう。

❷今度は、ジョギングするみたいに、手を軽く握ります。左右10回ずつ振りましょう。

効果 肩・腕をリラックスさせます。
ポイント 腕を動かそうとせずに、腕の重さを利用して、力を抜いて行ないましょう。

❸腕を振りながら、ももを軽く上げるように足踏みします。20歩踏んだら、ももを軽くさすって終わりです。

効果 手足の筋肉を刺激します。
ポイント 左右交互に、リズム良く行ないましょう。

今度は、平行棒につかまって立ち上がってください。

応用コース　みんなで元気になり体操C（上肢強化中心プログラム）

Ⅲ 立位での運動

1 立ち上がり→つま先立ち（5回×2セット）

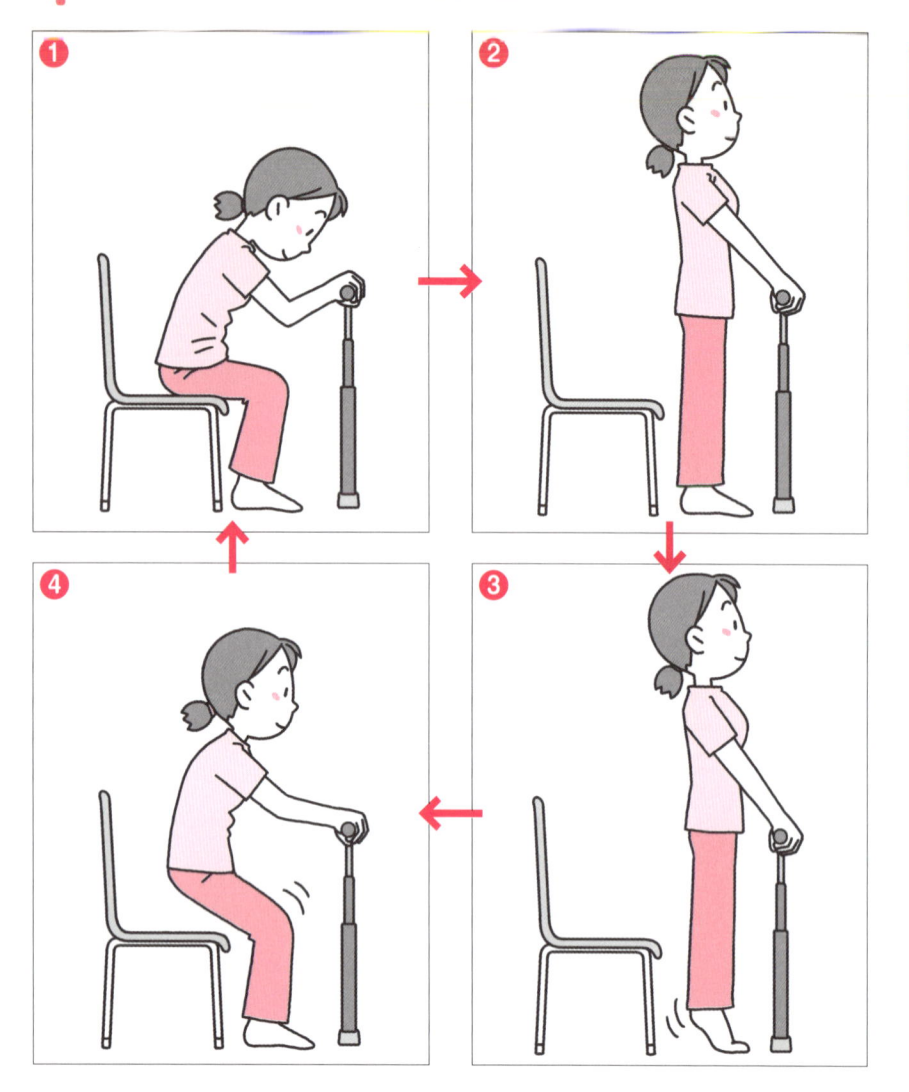

❶手すり（平行棒）をつかみ、おじぎをしながら立ち上がります。
❷背筋を伸ばします。
❸立ったまま、つま先立ちをします。
❹ゆっくり腰掛けてください。

効果 太ももとふくらはぎの筋力を向上させます。

ポイント ❶❷手で引き寄せず、足の踏ん張りで立ちましょう。
❸❹つま先立ちをしながら、背筋をしっかり伸ばしましょう。

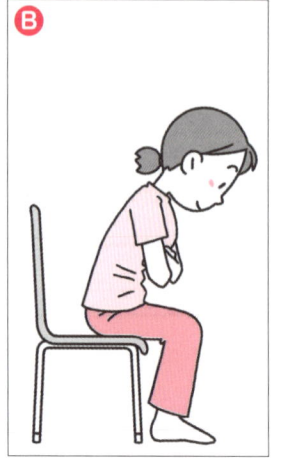

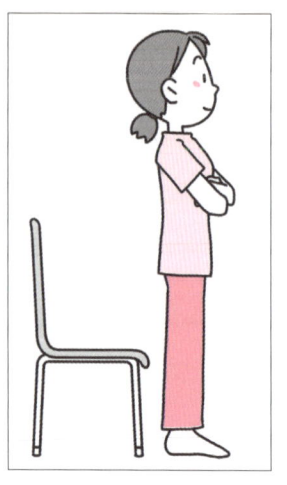

2 立ち座り（8回）

腕組みしながらゆっくり立ち上がり、ゆっくり腰掛けてください。Ⓐ浅く腰掛けて足を手前に引き、Ⓑ体を前傾させると立ち上がりやすいですよ。難しい場合は、両手でももを支えたり、手で座面を支えたりしてください。

効果 下肢筋力全体の強化。

ポイント 腰掛けるときもおじぎをして、ゆっくり座るようにしましょう。難しい場合は、手すりにつかまって行なってもかまいません。

42

応用コース　みんなで元気になり体操C

3 足踏み運動＋カウントダウン(10歩→ゆっくり20歩)。

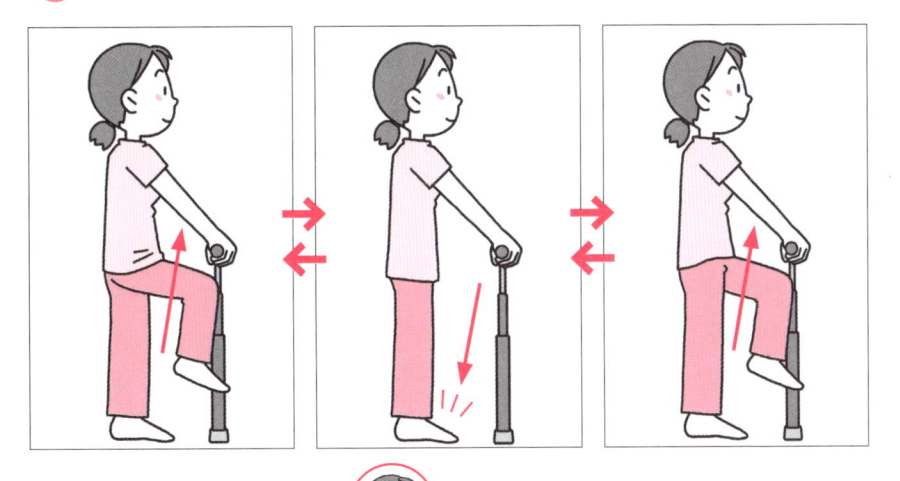

まず**10歩**足踏みします。皆さんでいっしょに1から10まで数えてください。
さらに**ももを高く上げて、ゆっくり20歩**足踏みします。今度は19から始めるので、19からゼロまでいっしょに数えてください。

効果 腸腰筋の強化と、足の骨を強くする効果があります。

ポイント 数を逆から数えることにより、体と頭を同時に刺激します。

ポイント 平行棒をつかんだまま、太ももが地面と水平になるくらいに高く上げます。

少し勢いをつけ、痛くない範囲でドスンと下ろすようにしましょう。

4 逆深呼吸(呼吸筋のストレッチ)(3回)

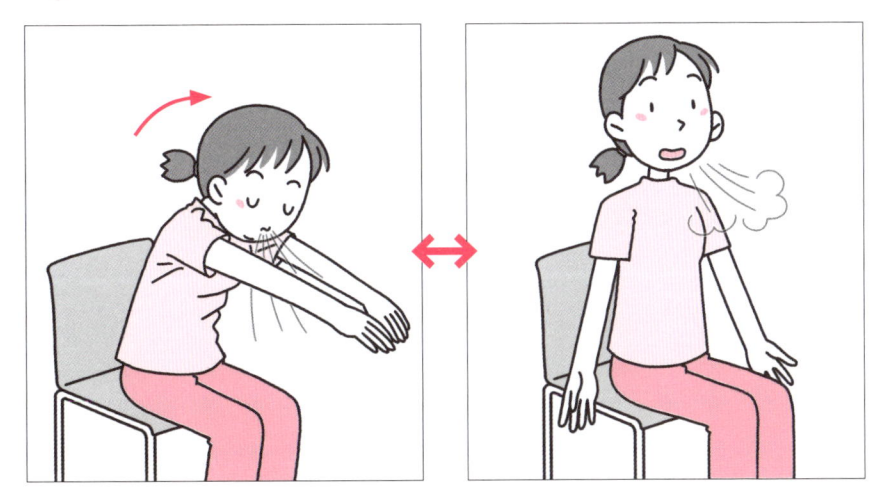

座ったまま背筋を伸ばし、鼻から息を吸いながら背中を丸めてください。今度は吐きながら、背筋を伸ばした姿勢に戻ります。3回繰り返しましょう。

効果 呼吸する筋肉を伸ばします。

ポイント 最初に普通の深呼吸を行ない、「逆に、背中を丸めながら息を吸います」と伝えると良いです。

○ 深呼吸をする(3回)。

応用コースC終了

43

応用コース
みんなで元気になり体操D
下肢強化中心プログラム

対象となる利用者
屋内での歩行が自立または見守りがあれば歩行可能な方

実施時間
休憩を挟みながら25〜30分

グループ全体図

※平行棒が無いときは、一般的な福祉施設で用いられているイスを前方にセッティングし、背もたれを平行棒代わりにして用いましょう。

プログラムの流れ

◎ 深呼吸

Ⅰ 準備体操（P.46〜48）

1 グーパー体操
2 指伸ばし
3 腕ブラブラ
4 肩回し
5 上体ねじり
6 腕斜め上げ
7 ひざ裏伸ばし
8 ひざブラブラ曲げ伸ばし

Ⅱ 下肢筋力強化体操（P.49〜50）

1 足指体操
2 ひざ伸ばし
3 しこ踏み

応用コース　みんなで元気になり体操D

このコースについて

＊特徴

　足腰が弱ると、家の中のちょっとした段差につまずいたり転んでしまったりする可能性が高まりますが、この体操を定期的に行なうことで、足の筋力低下を予防できます。転倒防止に効果的な体操です。

指導の際のポイント

- 足の裏がしっかりと床に着くようにし、運動中は背もたれに寄り掛からないようにしましょう。
- ダイナミックな運動では転倒の危険性が高まりますので、十分に注意をしてください。
- 体調や痛みの変化にも注意し、無理のない範囲で運動を行なってください。

新聞棒を束に

①新聞棒（P.33参照）を3本並べます。

②中心と両端をビニールテープで巻きます（平たくまとめます）。

4　新聞束を用いた、かかと・つま先上げ

Ⅲ 立位での運動　平衡感覚・下肢筋力強化　（P.51～53）

1　新聞束昇降

2　棒の上で足踏み

3　棒の上で継ぎ足・立位保持

4　立ち座り

5　後ろけり上げ

6　足踏み運動＋カウントダウン

○　深呼吸

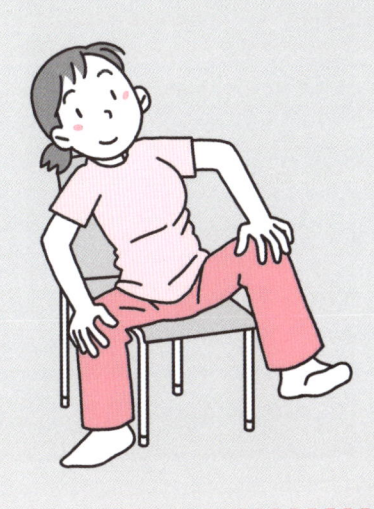

次ページから始まります

45

応用コース　みんなで元気になり体操D（下肢強化中心プログラム）

I 準備体操

○ 大きく深呼吸をする（3回）。

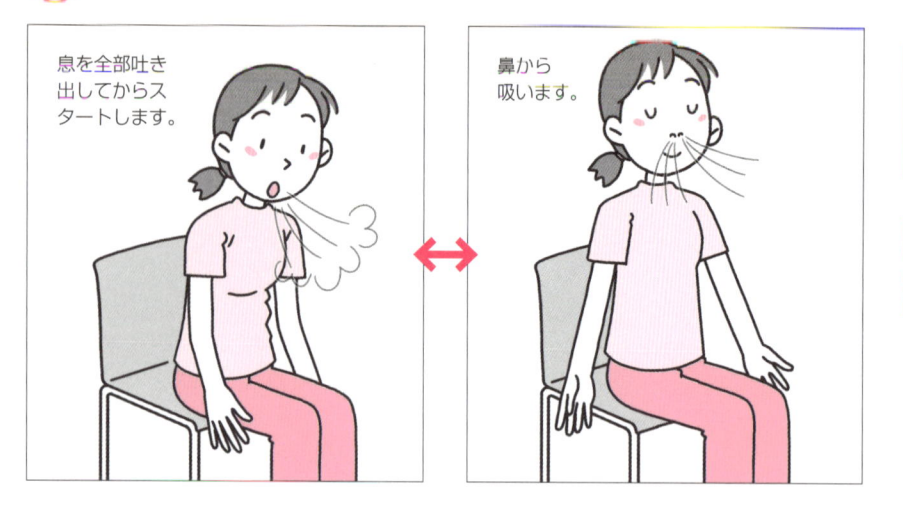

息を全部吐き出してからスタートします。

鼻から吸います。

最初に体の余分な空気を吐き出してから、新鮮な空気を**鼻**から吸い込みましょう。

効果 運動前に心身をリラックスさせます。

ポイント 鼻から吸って、軽く口をすぼめ、吸ったときの倍の時間をかけて口から吐き出します。大切なのは、「呼吸を意識すること」と「吐ききること」です。

1 グーパー体操（10回を2セット）

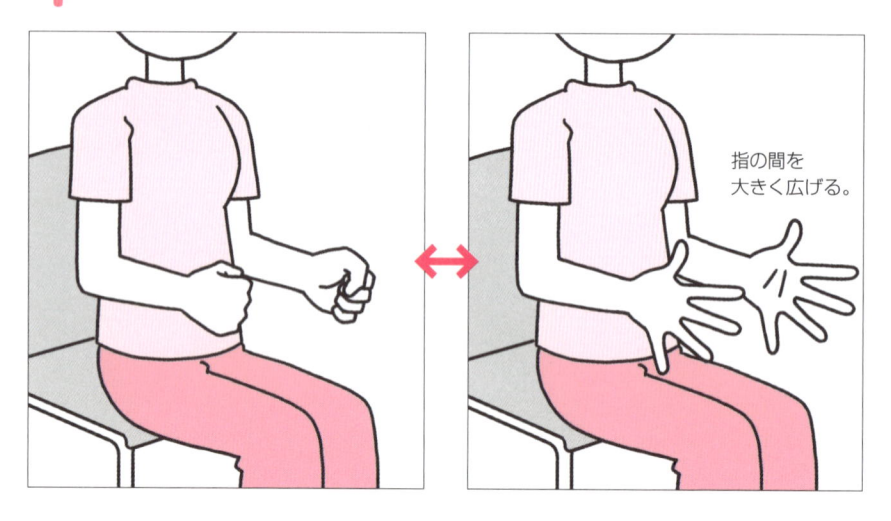

指の間を大きく広げる。

しっかりグーっと握った後、パッと大きく伸ばしてください。指の間も大きく広げましょう。

効果 指の動きを良くするのはもちろん、握力を高めます。

ポイント 指の伸び・広がりを意識して行ないます。開くときはしっかりと開きましょう。

2 指伸ばし（ゆっくり20秒を1回）

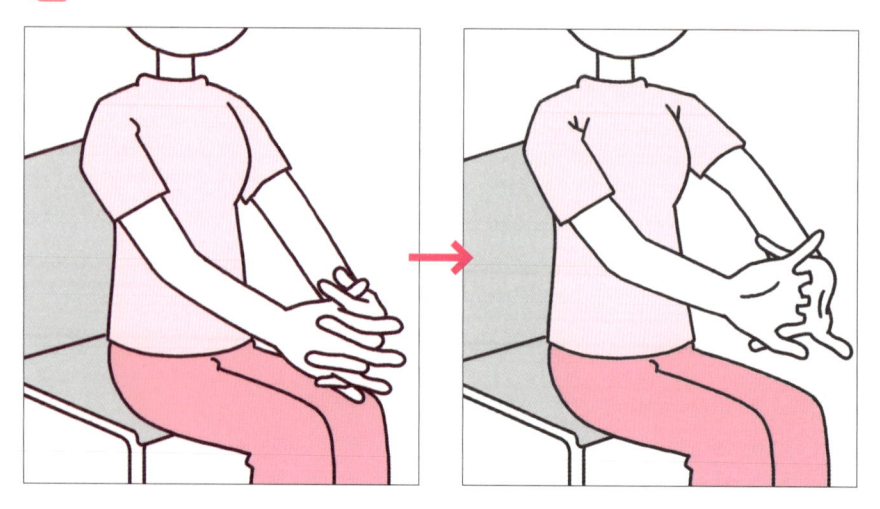

手を組んで裏返し、20秒かけて、指をゆっくり伸ばします。

効果 指の筋肉がストレッチされます。

ポイント 最低でも15秒以上、時間を掛けて伸ばしましょう。

応用コース　みんなで元気になり体操D

3 腕ブラブラ

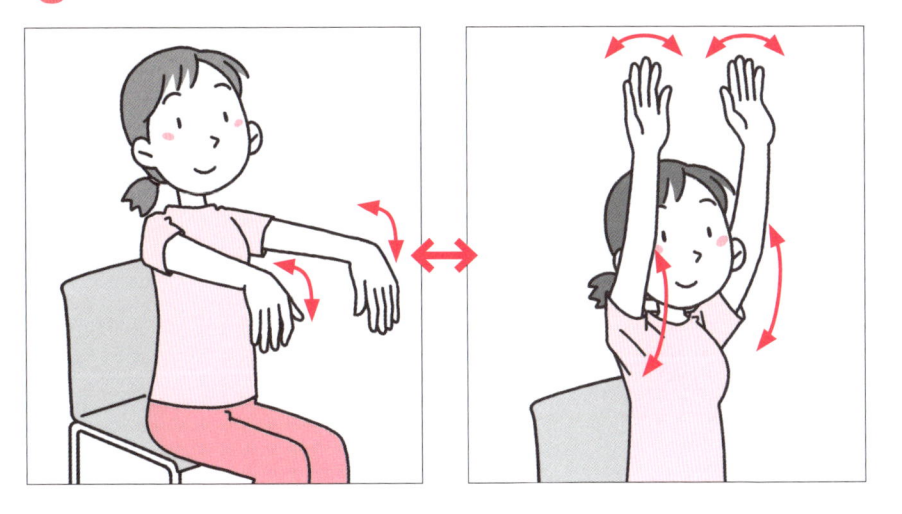

手と腕をブラブラさせながら、少しずつバンザイして……ブラブラゆっくり下ろしていきましょう。

効果 1・2で動かした手指をリラックスさせます。

ポイント 手に力を入れすぎないよう注意しながら、腕を上げて下ろすまでは10秒くらいを目安にします。指導する人は、声を出さずに頭の中で数えれば良いです。

4 肩回し（前回し・逆回し5回ずつ）

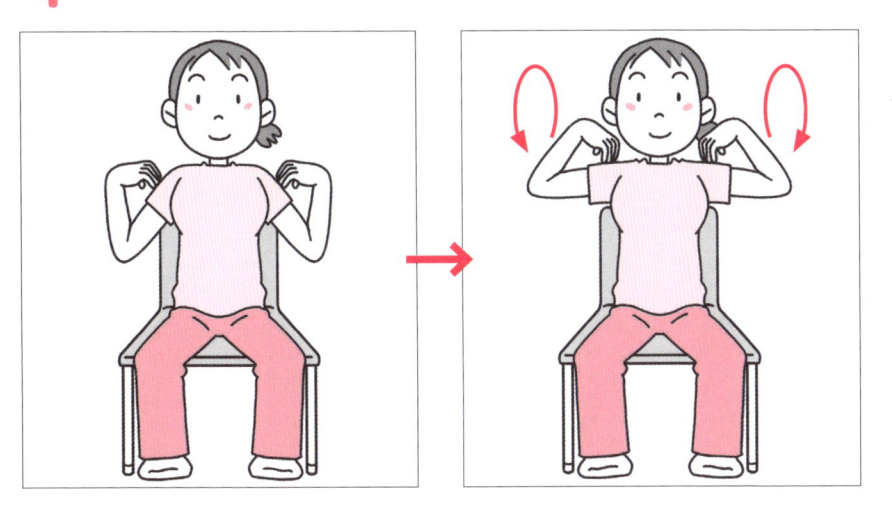

指を肩に軽く触れてください。ひじを大きく回しますね。5回転したら今度は反対回しをしましょう。

効果 肩の柔軟性を高め、肩関節の動きを良くします。ます。

ポイント 「イチ・ニー・サン・シー」と数える間に一回転するくらいのスピードで回します。ひじで円を描くように動かすと、肩甲骨までしっかり動かせます。

5 上体ねじり（左右交互に4回ずつ、計8回）

指を両肩に触れたまま、ゆっくりと大きく、体を右にねじります。真ん中に戻って、今度は左にねじります。

効果 背中の関節がほぐれ、腰部・脇腹の柔軟性を高めます。

ポイント 体をねじる際は背筋を伸ばし、首だけでなく、腰の方からしっかり動かしましょう。

47

Ⅰ 準備体操

応用コース　みんなで元気になり体操D（下肢強化中心プログラム）

6 腕斜め上げ（左右5回ずつ）

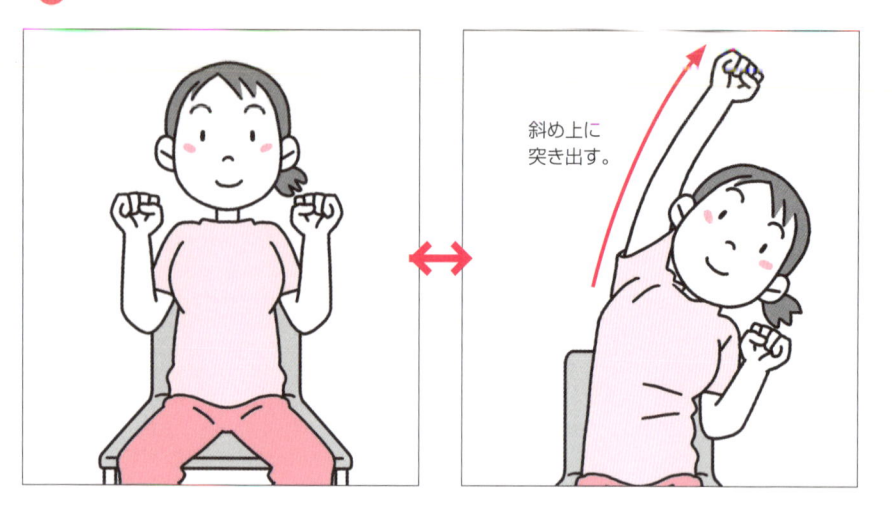

斜め上に突き出す。

右腕を斜めに突き上げるようにして、脇腹の伸びを感じてください。ゆっくり戻します。5回繰り返したら、反対側でも同じように行ないますね。

効果　脇腹の柔軟性を高めます。

ポイント　突き上げた姿勢を保つことで、ストレッチ効果が高まります。腰痛がある方は、無理に体を動かさず、腕を上げるだけでもストレッチ効果は得られます。

7 ひざ裏伸ばし（左右20秒ずつ）

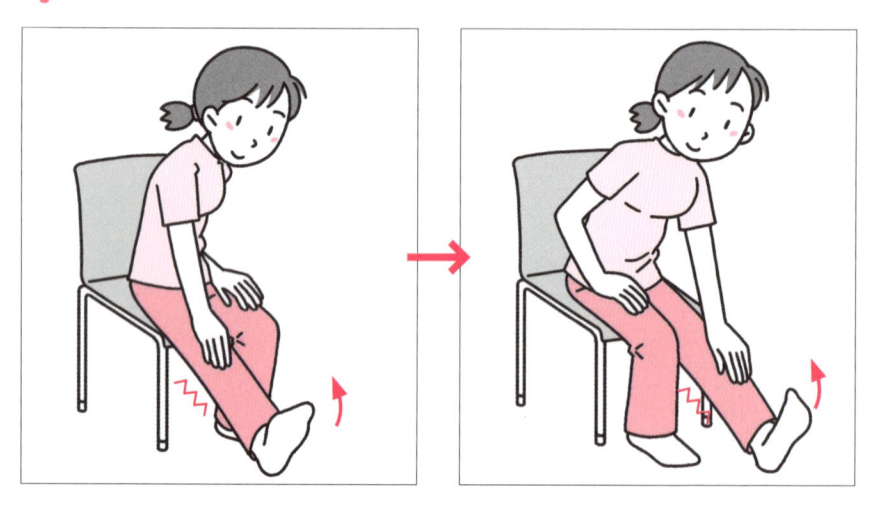

浅く座って片足を伸ばし、つま先を天井に向けてください。ひざの裏が少し張ったところでゆっくり20秒数えます。続けて反対側も同様にします。

効果　ひざ裏の筋肉をストレッチします。

ポイント　ひざ裏が突っ張る感じがしない方は、少し体を前かがみにしてみてください。

8 ひざブラブラ曲げ伸ばし（ひざ関節の柔軟性改善）（右8回・左8回）

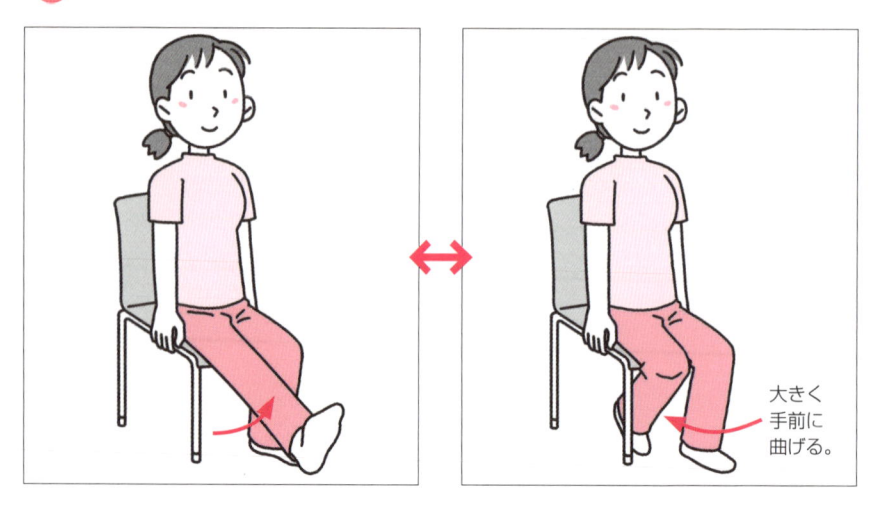

大きく手前に曲げる。

片ひざを痛みのない範囲で楽に、「伸ばしてー、曲げてー、伸ばしてー……」と、8回繰り返します。反対側も同じように行ないますよ。

効果　ひざ周りの循環を促し、以降の運動に備えます。

ポイント　力を入れる必要はないですが、できるだけ深く曲げ、振り伸ばすことを意識してもらいましょう。

応用コース　みんなで元気になり体操D

II 下肢筋力強化体操

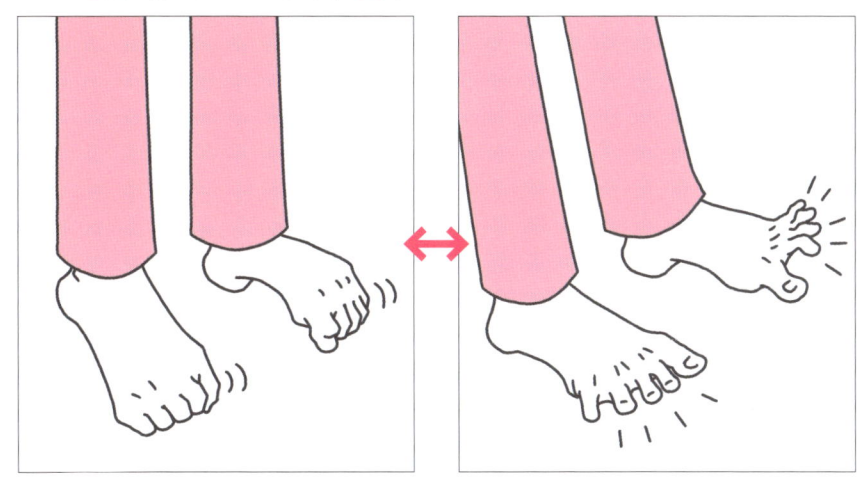

1 足指体操

❶ 足の指でグーパーする（10回）。

つま先を軽く持ち上げたまま、足の指でグーパーしてください。

効果 足の裏にある筋群の筋力・感覚を向上させ、地面をしっかり踏みしめる力を養います。

ポイント 足の裏の筋肉はつりやすいので、ゆっくり動かしましょう。

❷ 足の指をシャクトリムシのように動かして前に進める（3回）。

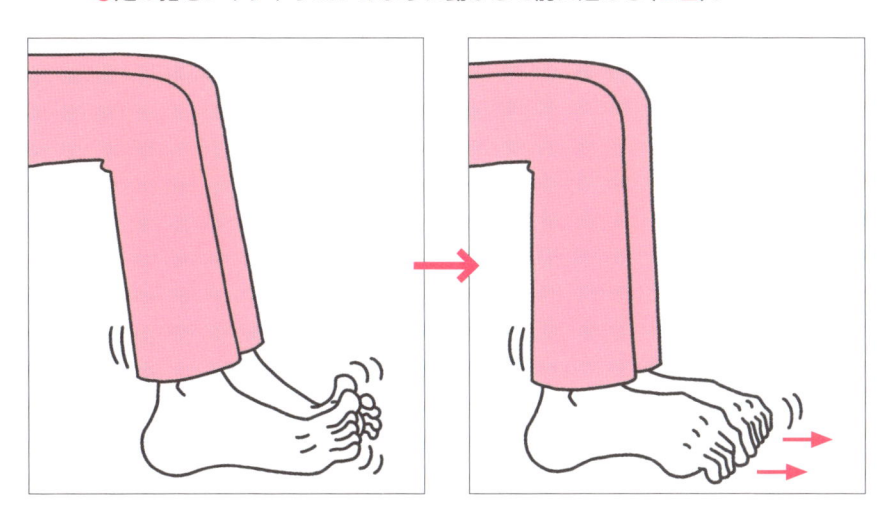

シャクトリムシのように、足の指を前へ進めてください。3回繰り返して、終わったら足を軽くブラブラさせてください。

効果 地面をしっかりと踏みしめる力をつけます。

ポイント いきなり動かそうとすると足がつる場合がありますので、初めはゆっくり行なってください。

今度は力をつける運動を行ないます。

49

応用コース　みんなで元気になり体操D（下肢強化中心プログラム）

Ⅱ 下肢筋力強化体操

2 ひざ伸ばし（右・左交互に3回ずつ、計6回）

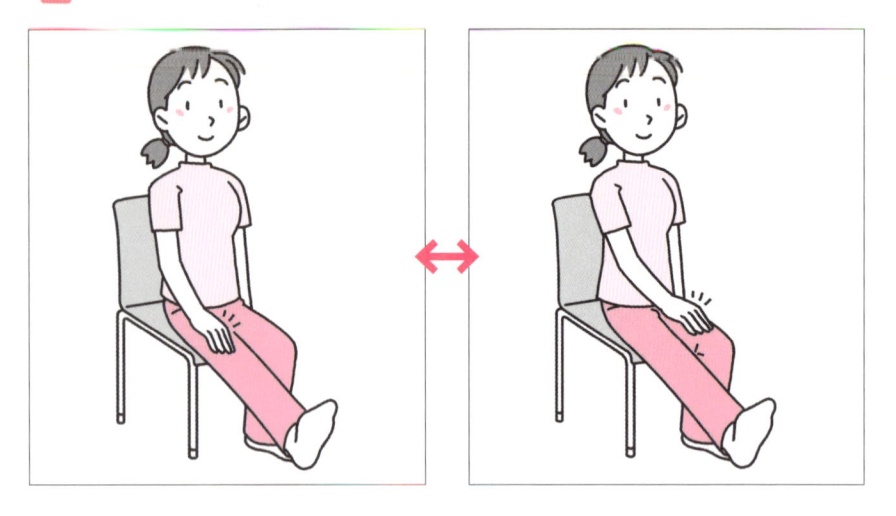

右ひざをしっかり伸ばします。そのままで、右・左のももを交互に5回ずつたたいてください。次は左足を伸ばしてやってみましょう。

効果 ひざの筋肉を鍛えます。

ポイント 1回につき5・6秒間ひざを伸ばしてください。運動中は筋肉に触って、収縮しているかを感じてください。

3 しこ踏み（左右交互に計10回×2セット）

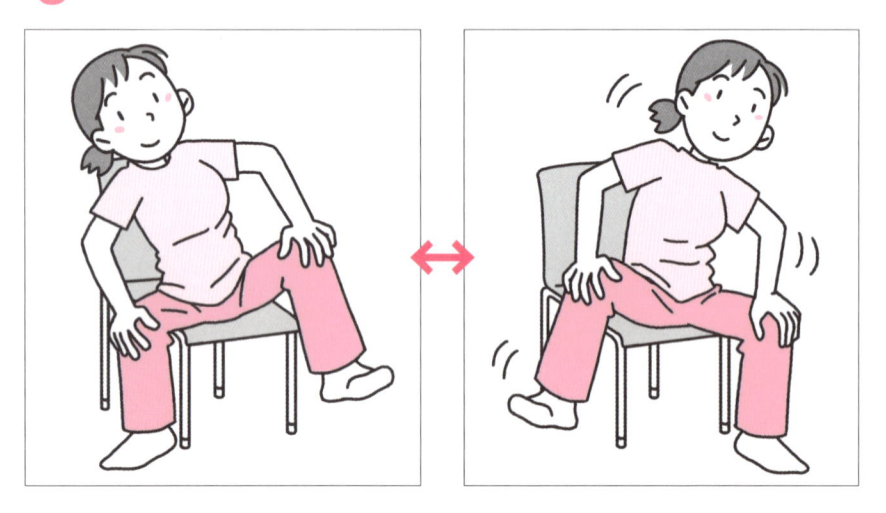

イスに浅く腰掛けて、足をがにまたに開いたまま、相撲のしこを踏むように足を上げます。

効果 股関節の周りの筋肉を鍛えます。

ポイント 上体も左右に動かすと、足を上げやすいです。

4 新聞束を用いた、かかと・つま先上げ（足首の底背屈）をする（15回）。
※新聞束（P.45参照）を足もとに置く。

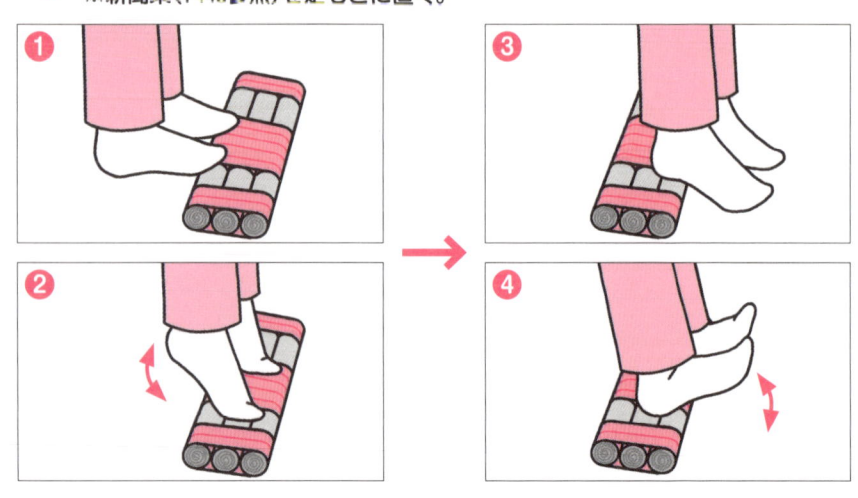

❶まずは、つま先だけを新聞束の上に乗せてください。
❷かかとを大きく上げ下ろしします。
❸今度はかかとだけ乗せて、
❹つま先を大きく上げ下ろしします。

効果 すね・ふくらはぎの筋肉を鍛えます。

ポイント 足を乗せる位置に注意してください。

応用コース　みんなで元気になり体操D

Ⅲ 立位での運動 平衡感覚・下肢筋力強化

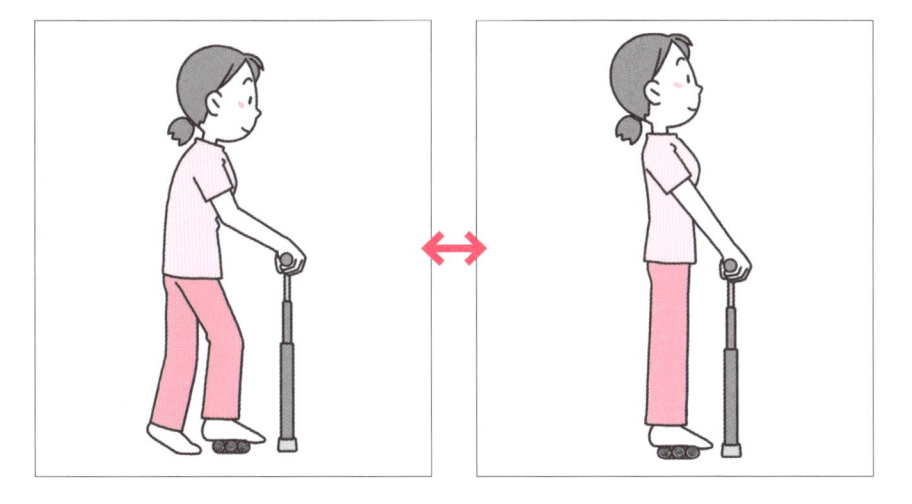

1 新聞束昇降

足もとの新聞束を少し前に動かしてください。この束に上ったり下ったりを10回繰り返します。左右の足を入れ替えて、さらに10回です。

効果 大腰筋や大腿部の筋力を強化、すり足を予防します。
ポイント つま先が引っ掛からないよう気をつけましょう。

2 棒の上で足踏み（20歩）

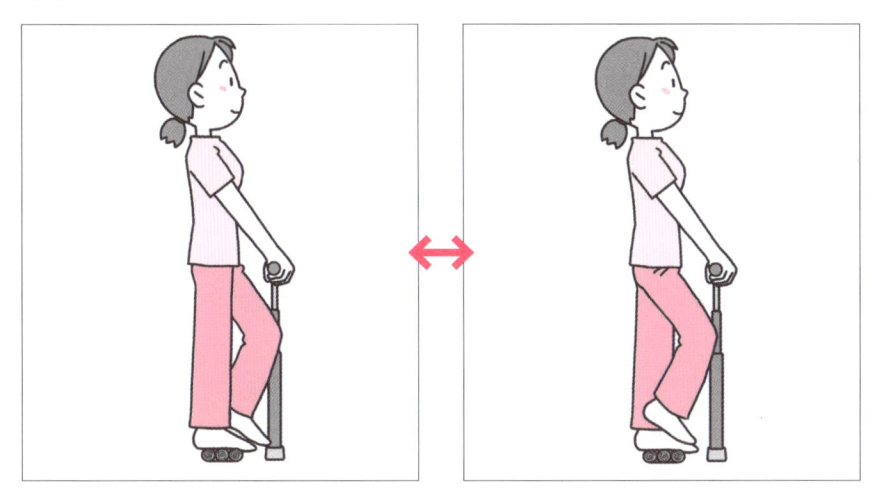

束の上で、青竹踏みのように**20歩**軽く足踏みします。棒から足を踏み外さないように気をつけましょう。

効果 足裏の筋肉を刺激します。
ポイント 足は軽く持ち上げる程度で良いです。束の上で足の位置を動かしましょう。

3 棒の上で継ぎ足・立位保持（20秒・足を入れ替えて20秒）

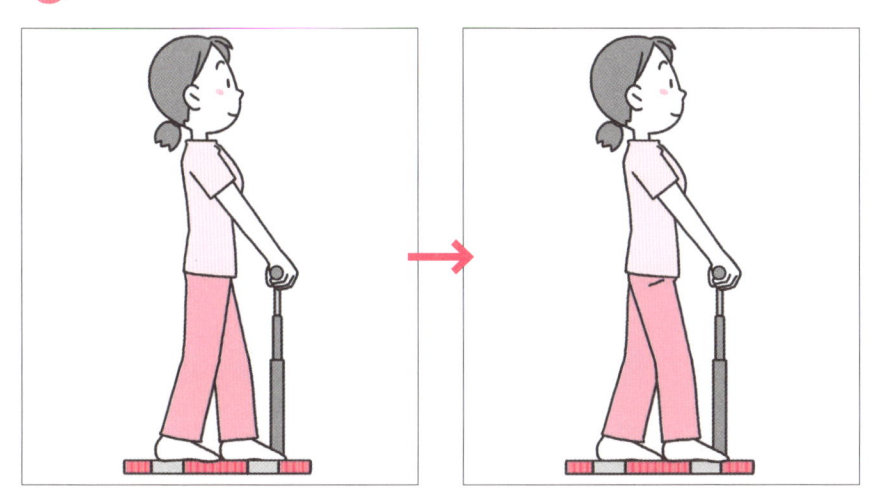

棒の上で綱渡りをするように立ちます。左のつま先と右のかかとを合わせ、**19からゼロまで数える**ので、いっしょに数えてみてください。左右足の位置を入れ替えて、カウントダウンでさらに**20秒**がんばりましょう。

効果 ふらつき予防。
ポイント 背筋の伸びを意識しながら立ちましょう。

次ページへ続く

51

応用コース　みんなで元気になり体操D（下肢強化中心プログラム）

Ⅲ 立位での運動 平衡感覚・下肢筋力強化

4 立ち座り（1セット目5回・2セット目8回）

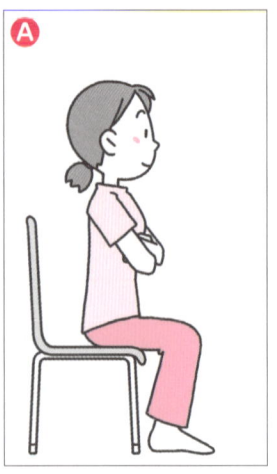

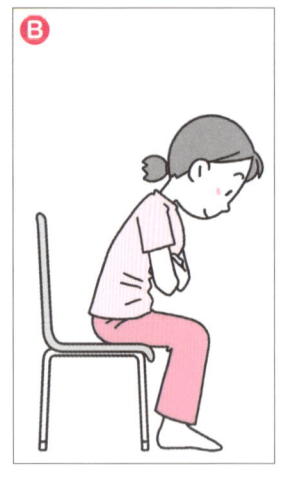

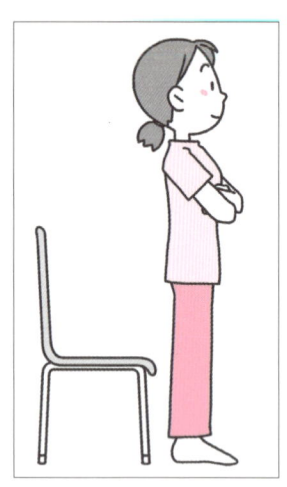

Ⓐ　Ⓑ

腕組みしながらゆっくり立ち上がり、ゆっくり腰掛けてください。Ⓐ浅く腰掛けて足を手前に引き、Ⓑ体を前傾させると立ち上がりやすいですよ。難しい場合は、両手でももを支えたり、手で座面を支えたりしてください。

効果　下肢筋力全体の強化。

ポイント　腰掛けるときもおじぎをして、ゆっくり座るようにしましょう。難しい場合は、手すりにつかまって行なってもかまいません。

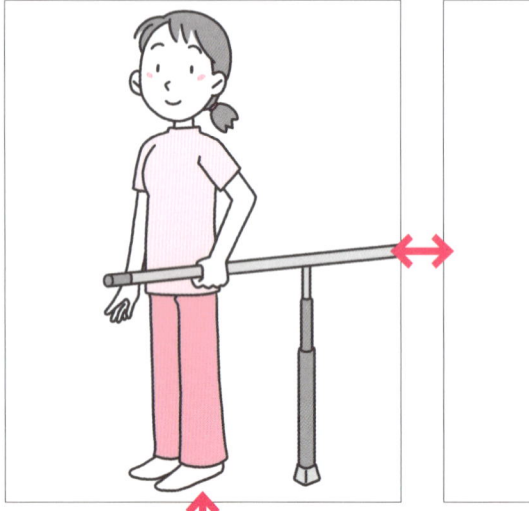

5 後ろけり上げ（20歩）

手すりを持ち（Ⓐのように不安定な人は両手でつかんでもらう）、ひざから下をヒョイッと後ろにけり上げます。

効果　太ももの後ろにある筋肉の強化。

ポイント　ひざの位置はなるべく動かさないようにしましょう。ひざを曲げることを意識して行なってください。

Ⓐ

52

応用コース　みんなで元気になり体操D

6 足踏み運動＋カウントダウン（10歩→ゆっくり20歩）。

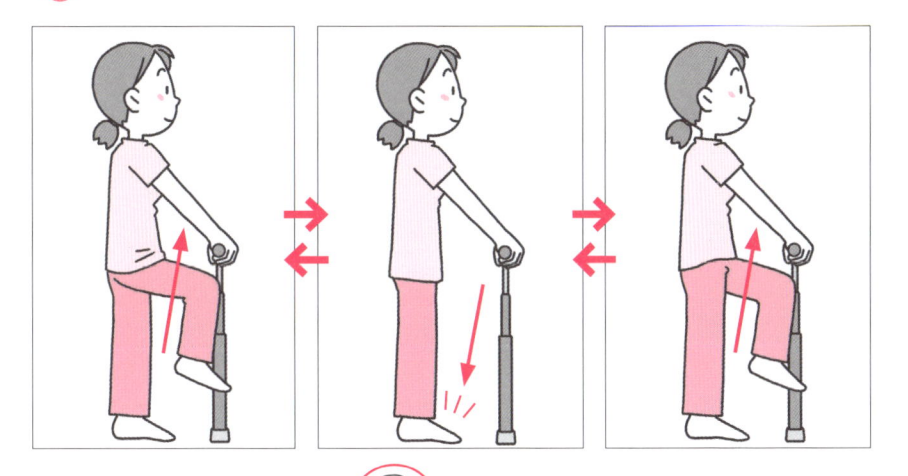

まず**10歩**足踏みします。皆さんでいっしょに１から10まで数えてください。
さらに**ももを高く上げて、ゆっくり20歩**足踏みします。今度は19から始めるので、19からゼロまでいっしょに数えてください。

ポイント 平行棒をつかんだまま、太ももが地面と水平になるくらいに高く上げます。

少し勢いをつけ、痛くない範囲でドスンと下ろすようにしましょう。

効果 腸腰筋の強化と、足の骨を強くする効果があります。
ポイント 数を逆から数えることにより、体と頭を同時に刺激します。

○ 深呼吸をする。

A・B・C・D、その他どのコースでも、楽しく体を動かしましょう！

応用コースD終了

コラム ゴムチューブを使ってトレーニング

筋力強化の効果を高める方法として、ゴムチューブを用いた体操の一部を紹介します。
正しいフォームで運動を行なえるよう、機能訓練員と相談してください。

肩の挙上
手のひらを下向きにして、ひじを伸ばしたまま前方に腕を上げる。

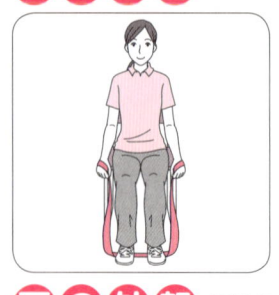

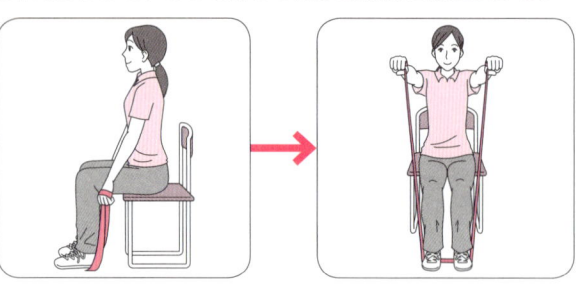

肩の外転
手のひらを下向きにして、ひじを伸ばしたまま左右に腕を開く。

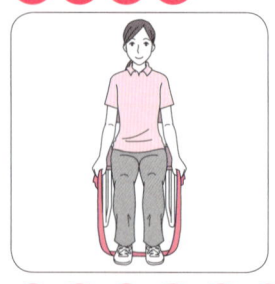

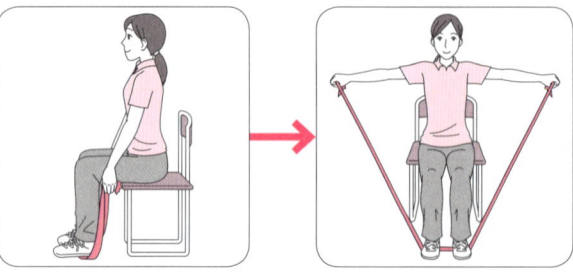

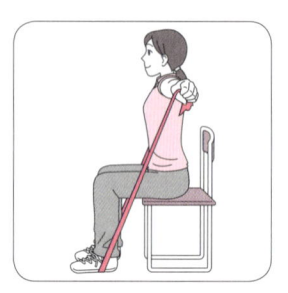

肩甲帯の外転
ひじを伸ばして広げた状態から手のひらを合わせるように両腕を閉じる。

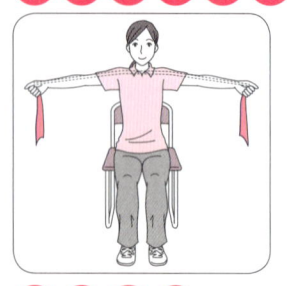

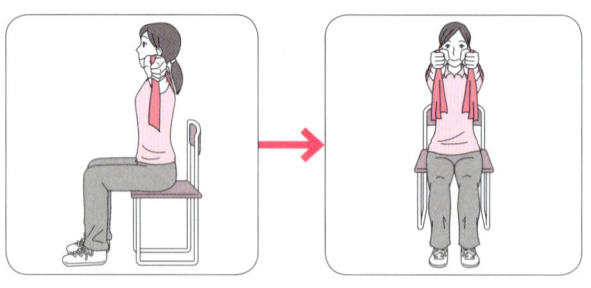

肩の回旋
手のひらを上向きにして、ひじを90度曲げたまま腕を外側に開く。

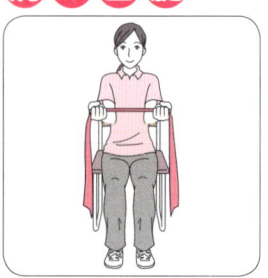

ひじ曲げ
手のひらを上向きにして両手でセラバンドを持ち、ひじを動かさずに曲げる。

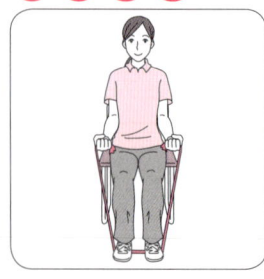

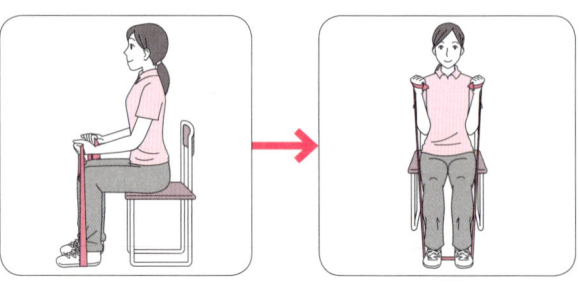

3. 暮らしラクラクトレーニング
目指すは今ある設備を活用する反復訓練 日常生活動作の向上!

※個別機能訓練加算Ⅱ(P.76〜79参照)につながる

- A 寝返り・起き上がりコース ……………………… 56
- B 立ち上がり・乗り移りコース ……………………… 58
- C スタスタ歩きコース ……………………………… 60
- D おトイレコース …………………………………… 66
- E おふろコース ……………………………………… 68
- F 階段上り下りコース ……………………………… 70
- G お食事コース ……………………………………… 72

暮らしラクラクトレーニング

A 寝返り・起き上がりコース

自立した生活を目指すには、まず、寝たきりにならないことです。寝た状態から起き上がれるようになるための動きをトレーニングしていきましょう。

ステップ ①-1 足をまとめる

マヒあり

マヒなし

ポイント
- 体を小さくまとめること（接地面を少なくするなど）で、寝返りしやすくなります。

健側の足（ここでは右足）をつま先からマヒ側のひざ下へ差し込んで、マヒ側の足が上に乗っているようにし、足をまとめます。

足をおしりの方に引き寄せて、ひざを立てます（寝返る方向と反対側のひざだけでも良いです）。

ステップ ①-2 首上げ・首ひねり

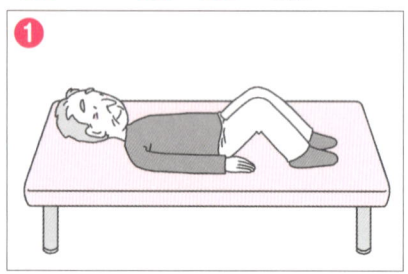

①

②

ポイント
- 寝返りに必要な腹筋の働きや体幹のねじりを促します。

頭を持ち上げます（枕を用いて、首を軽く曲げた状態を作るのも良いです）。

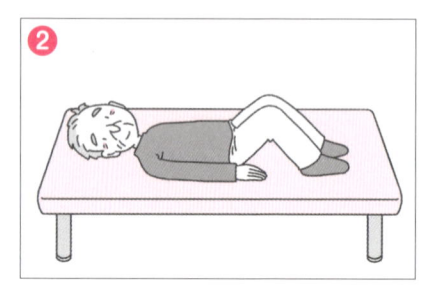

首を寝返る方向へ向けます。

ステップ ①-3 肩上げ

マヒあり

マヒなし

ポイント
- 寝返る方向へ重心が移動しやすくなります。

健側の手でマヒ側の腕を持ち、寝返る方向へ引きます。

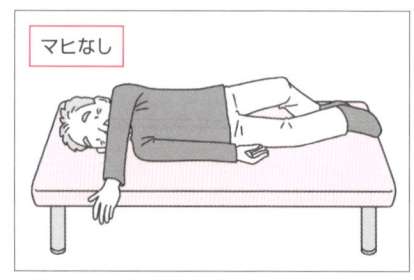

肩をベッドから持ち上げ、腕を寝返る方向へ伸ばします。

A 寝返り・起き上がりコース

ステップ❷ 寝返りから起き上がり（片マヒ……ここでは左マヒの方を想定しています）

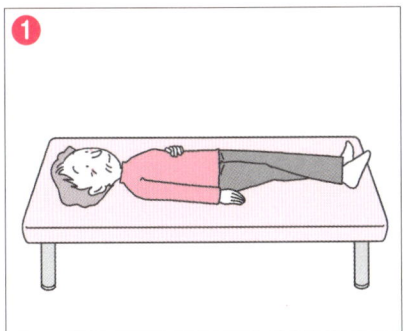

❶ 健側の足（ここでは右足）をつま先からマヒ側のひざ下へ差し込んで、マヒ側の足が上に乗っているようにします。

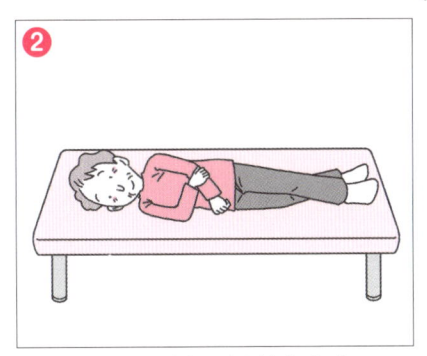

❷ 健側の手でマヒ側の腕を持ちます。

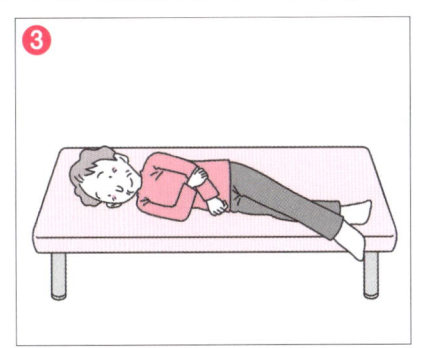

❸ マヒ側の腕を寝返る方向へ引きながら、顔も同じ方向へ向け、寝返りをします。

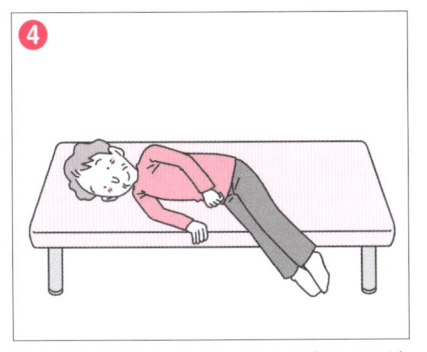

❹ 首を前にかがめ（腹筋の働きを促します）、健側の腕を体から軽く離します。

❺ 両足を下ろし、健側のひじをついて、上体を前にかがめながら起こします。

❺を別の角度から見た図です
健側の前腕と骨盤からなる三角形の中に、上体の重心を移動させることで、起き上がりが可能になります。

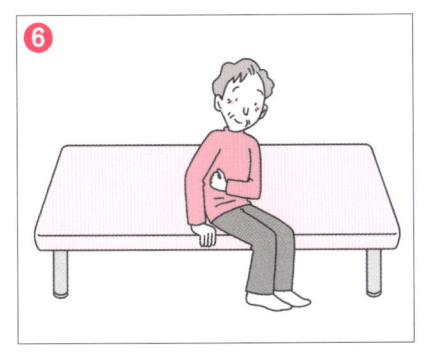

❻ 健側の手をベッドにつき、ひじを伸ばしながら、上体を座った姿勢まで起こします。

❼ 体を正面に向けながら起こし、ベッドに腰掛けている状態にします。

ポイント
● 足を先にベッドから下ろすことで、上体を起こしやすくなります（ヤジロベーが傾くイメージです）。

暮らしラクラクトレーニング

B 立ち上がり・乗り移りコース

体を起こすことができたら、今度はベッドから離れられるよう、立ち上がりのトレーニングに進みましょう。重心の移動と考えると、寝返り・起き上がりの応用といえますね。

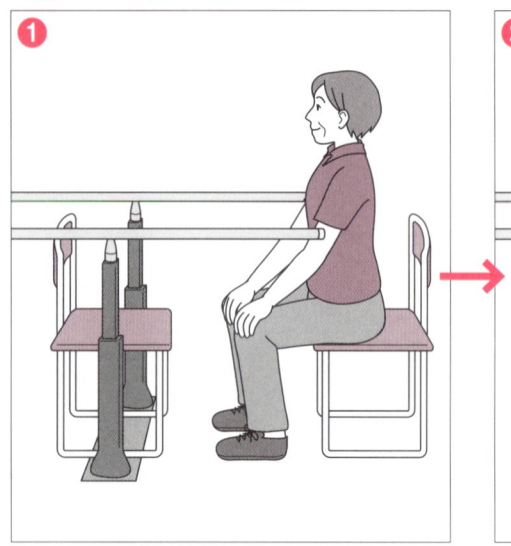

ステップ ❶-1 前屈（体重を足に移す練習）

① 手をつける適当な高さのイスなどを用意し、向かい合うように腰掛けます。

② イスの座面上を滑らすようにして、手を伸ばし、上体をかがめていきます。

ポイント
- 立ち上がりに必要な重心の前方移動を促します。

ステップ ❶-2 おしりを浮かせる

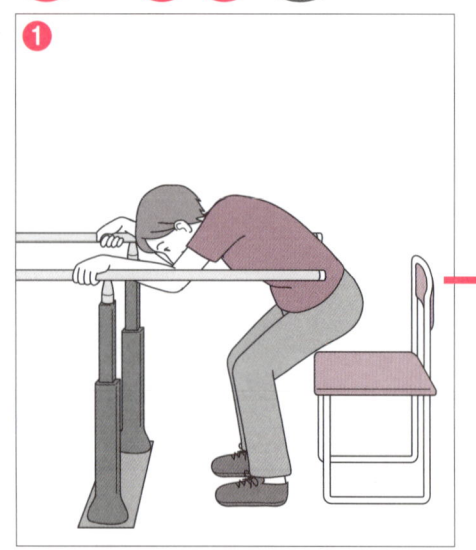

① ステップ❶-1を踏まえ、前方に重心を移せるよう、平行棒の奥の方をつかみます。

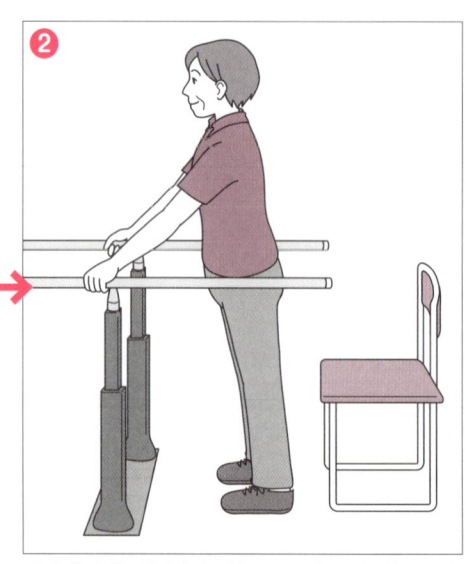

② 足全体を伸ばす力を利用して立ち上がり、立った姿勢を保ちます。

ポイント
- 事前に足を手前に引くことで、おしりが浮きやすくなり、少ない力で立ち上がることができます。

ステップ2 立ち上がり（乗り移り）

イスから立ち上がる場合

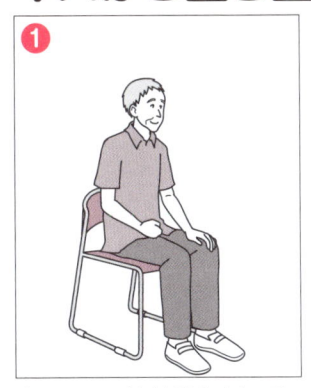

① 座っている姿勢が安定していることを確認します。

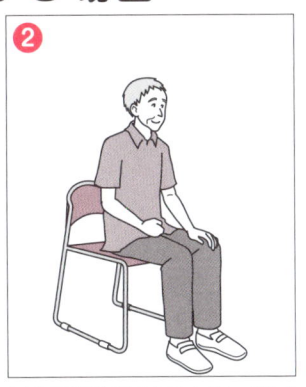

② 足を手前に引けるよう、浅く腰掛けます。

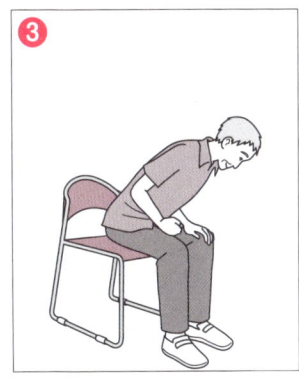

③ 上体を前にかがませます。

④ 足全体を伸ばす力を利用するとともに、上体を起こしていきます。

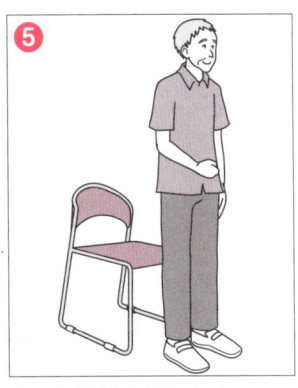

⑤ 立った姿勢を保ちます。

ポイント
- 両足の間隔を適度にとりましょう（立った後のふらつきを予防できます）。
- 健側を手前に引くと立ち上がりやすくなります。
- 困難な場合は、イスを変えたりクッションを敷いたりして、座面を高くしましょう。
- マヒ側のひざが立ち上がる方向に向いているか確認しましょう（ひざ折れ予防に）。

車イスに乗り移る場合（ここでは右マヒの方を想定しています）

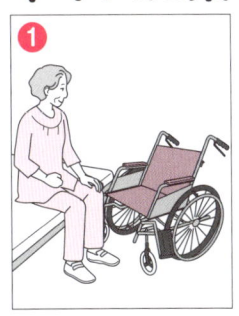

① 車イスをベッドに近づけます。

② 足を手前に引けるよう、浅く腰掛けます。

③ アームレストに手を伸ばしながら、上体を前方にかがめます。

④ アームレストの支えと脚力を利用して立ち上がります。

⑤ 体の向きを変え、ゆっくり腰掛けます。

ポイント
- ①②のときに、車イスのブレーキが掛かり、タイヤが固定されているか確認しましょう。
- 体の向きを変える際は、左右の足への体重移動をゆっくり行ないましょう。

暮らしラクラクトレーニング

C スタスタ歩きコース

一言で「歩く」といっても、家の中、建物（デイサービスや買い物先のスーパーなど）の中、屋外……など、環境はさまざまです。活動範囲や身体状況、目標などから適したプログラムを進めていき、不転（転ばず）の生活を目指しましょう。

運動前の準備

平行棒内歩行練習

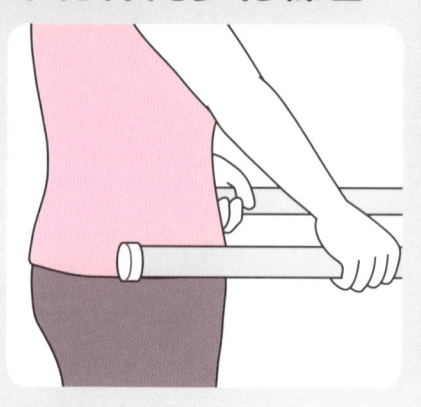

◀立ち上がったときに腰骨あたりの位置で握れるよう、平行棒の高さを調整しておきます。

平行棒がない場合は、▶重さのあるしっかりしたイス（背もたれを握って体重をかけても揺れない物）を並べて、歩行スペースを作りましょう。

ステップ ①-1 歩く準備（立位でのバランス保持練習）

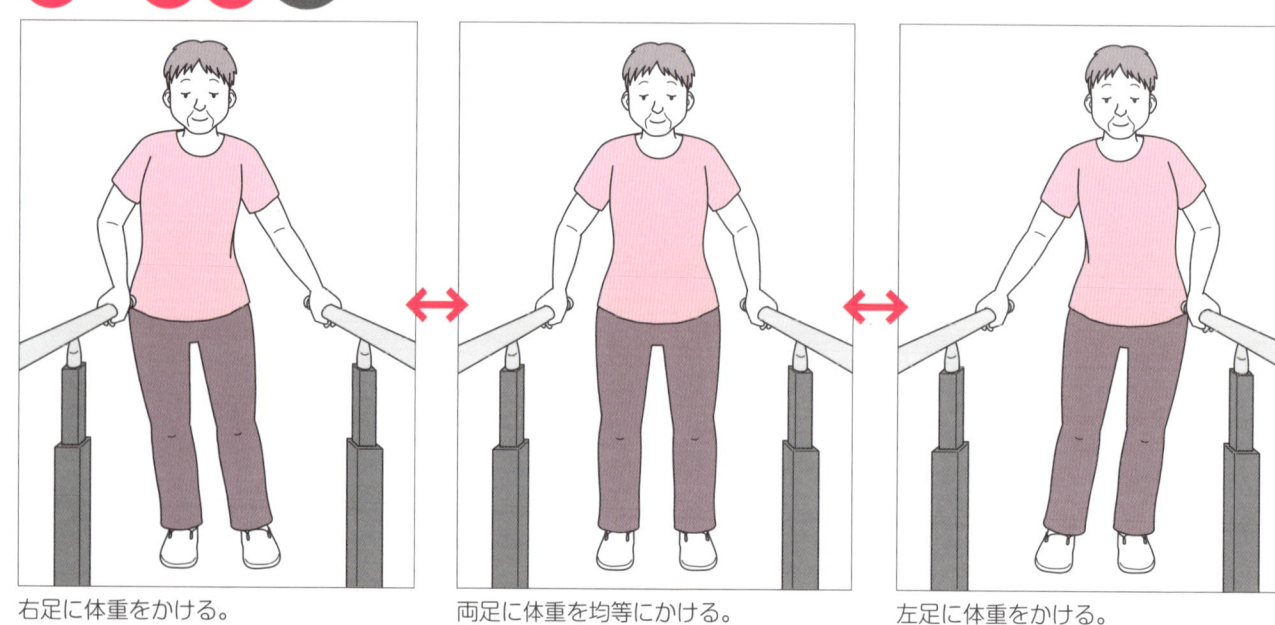

右足に体重をかける。　　両足に体重を均等にかける。　　左足に体重をかける。

ポイント
● 歩行が体重移動の連続であることを知って貰う練習にもなります。

ステップ ①-2 前方歩行

A

左足を前に振り出す。

ポイント
- 平行棒はしっかり握るのではなく、手のひらで支える程度に持つのが良いです。

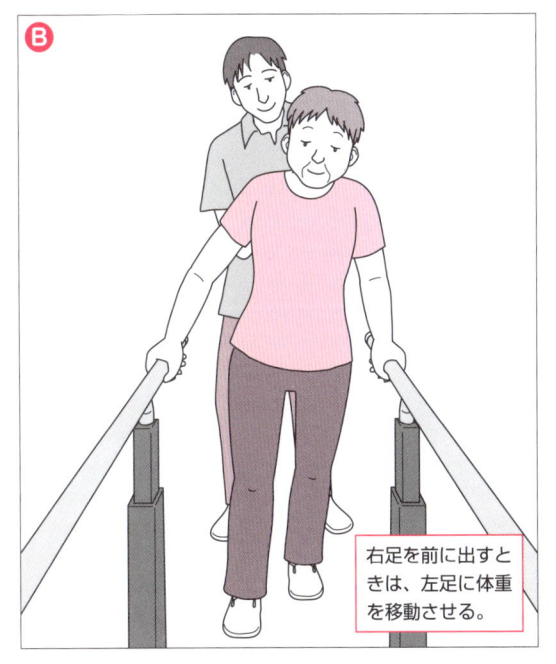

B

右足を前に出すときは、左足に体重を移動させる。

ポイント
- ひとりで足の振り出しが困難な方の場合は、後ろに介助者がついて、声掛けしながら反対側への体重移動を手伝います。

ステップ ①-3 後ろ向き歩行

右足を後ろに引く。

ポイント
- 背筋を伸ばしたまま、足を後ろに引くことを意識してもらうよう指導しましょう。
- ×上体が大きく前屈したままだと、運動効果が下がってしまいます。

暮らしラクラクトレーニング

C スタスタ歩きコース

ステップ ①-4 横歩き

❶ まっすぐに立ちます。

❷ 右足へ軽く体重をかけ、左足を横へ出します。

❸ 左足へ体重を移動させ、右足を引き寄せます。

悪い例

前かがみになりすぎないようにし、つま先は前を向くようにします。

ポイント
- 背筋を適度に伸ばしたまま、つま先が前を向くように声掛けします。
- 狭い通路を移動する練習とともに、左右のバランス保持力を養う運動にもなります。
- 不安定な利用者の場合、サポートするスタッフが鏡合わせになるよう、いっしょに横歩きをします。

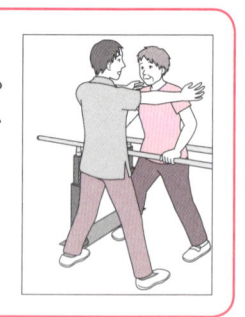

ステップ ①-5 横歩き（大また・小また）

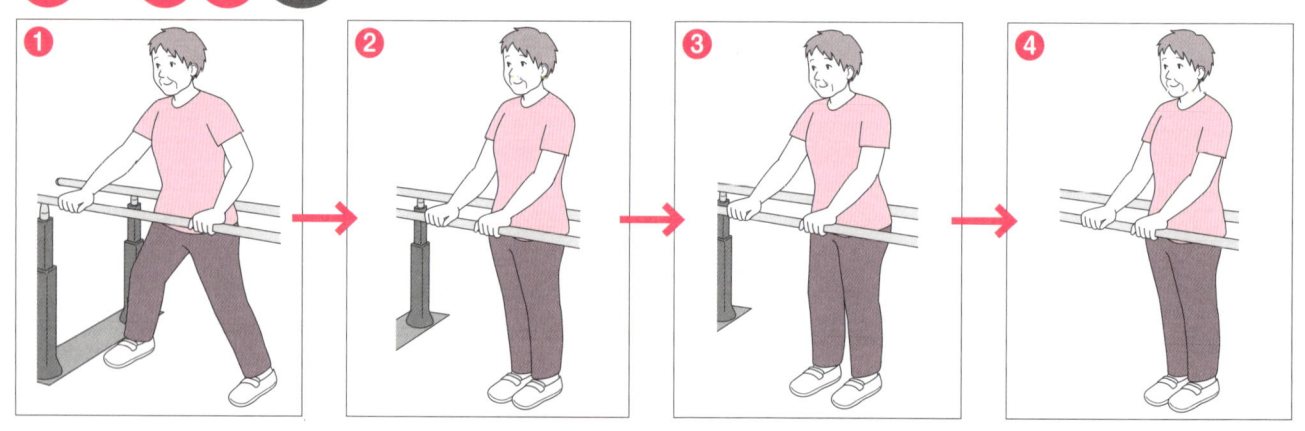

❶ ❷ ❸ ❹

ポイント
- 大また・小またを交互に行ない、歩幅を調節する練習です。
- サポートするスタッフが鏡合わせになるよう、いっしょに横歩きをします。

C スタスタ歩きコース

ステップ ①-6 障害物回避

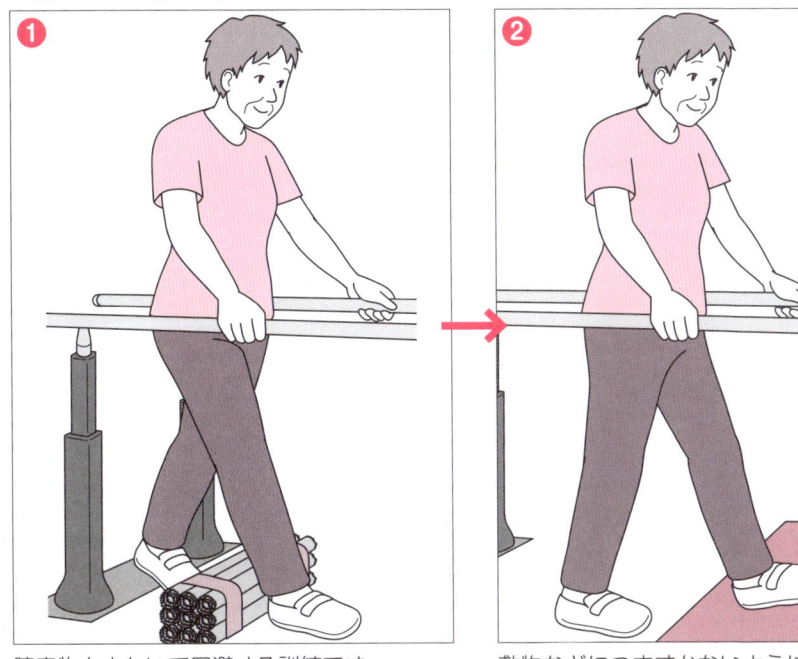

① 障害物をまたいで回避する訓練です。

② 敷物などにつまずかないように（引っ掛からないように）、しっかりと足（つま先）を持ち上げる訓練です。

ポイント
- 目的に合わせて障害物を選んで行ないましょう。

ステップ ②-1 屋内を想定しての歩行練習

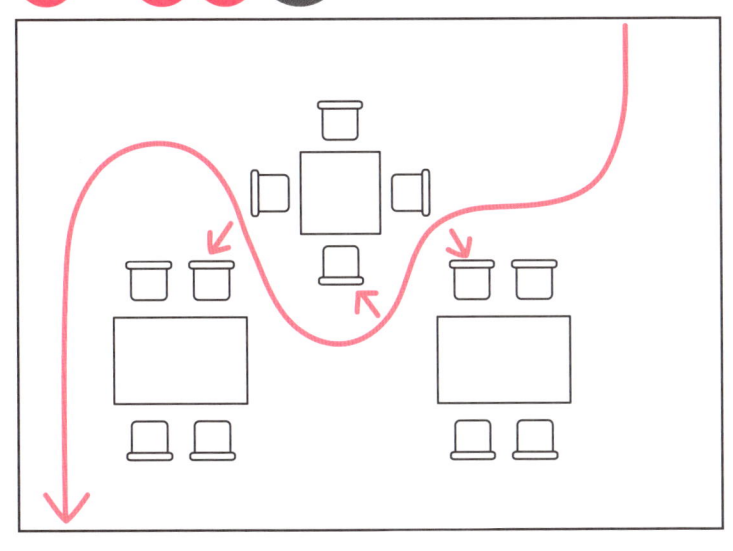

ポイント
- 実際の部屋の中（まずは施設内の広い場所）を歩いてみましょう。曲線の移動が必要になります。
- テーブルやイスなどの障害物を、伝い歩きの支えとして利用しましょう。

コーンなどを置いて、「ジグザグ移動」を含めた練習も有効です。

63

暮らしラクラクトレーニング

C スタスタ歩きコース

ステップ ❷-2 個々の部屋・居室を想定しての歩行練習

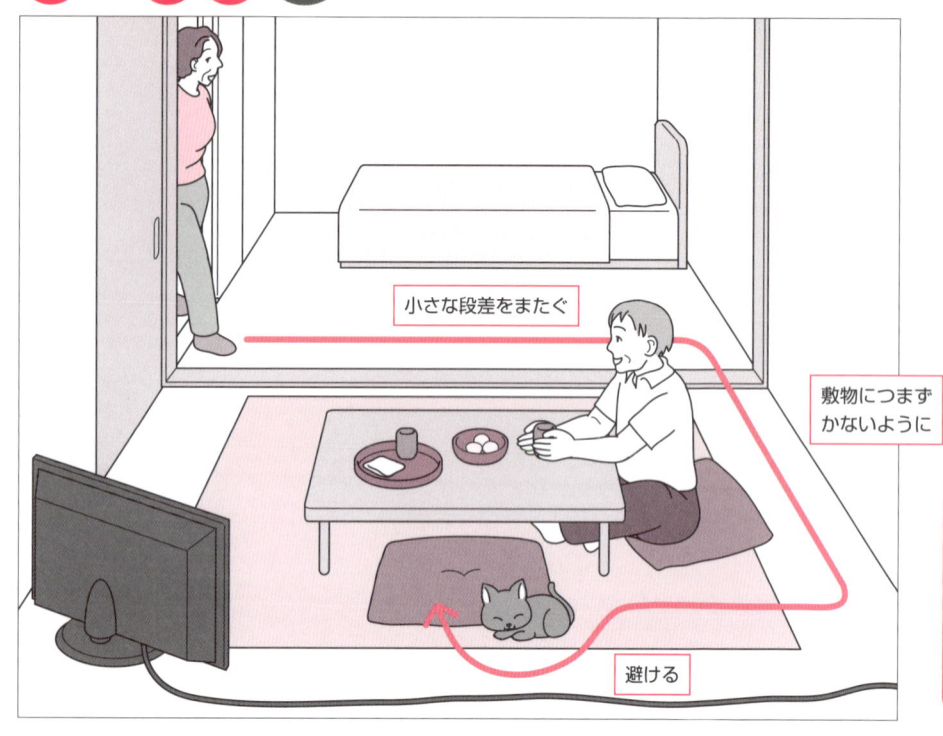

小さな段差をまたぐ

敷物につまずかないように

避ける

ポイント
- ステップ❶-6を応用して、再現した自宅内を歩く練習です。
- 床材が滑りにくい物であれば、靴を脱いで行なうと、より自宅内に近い状況を想定できます。

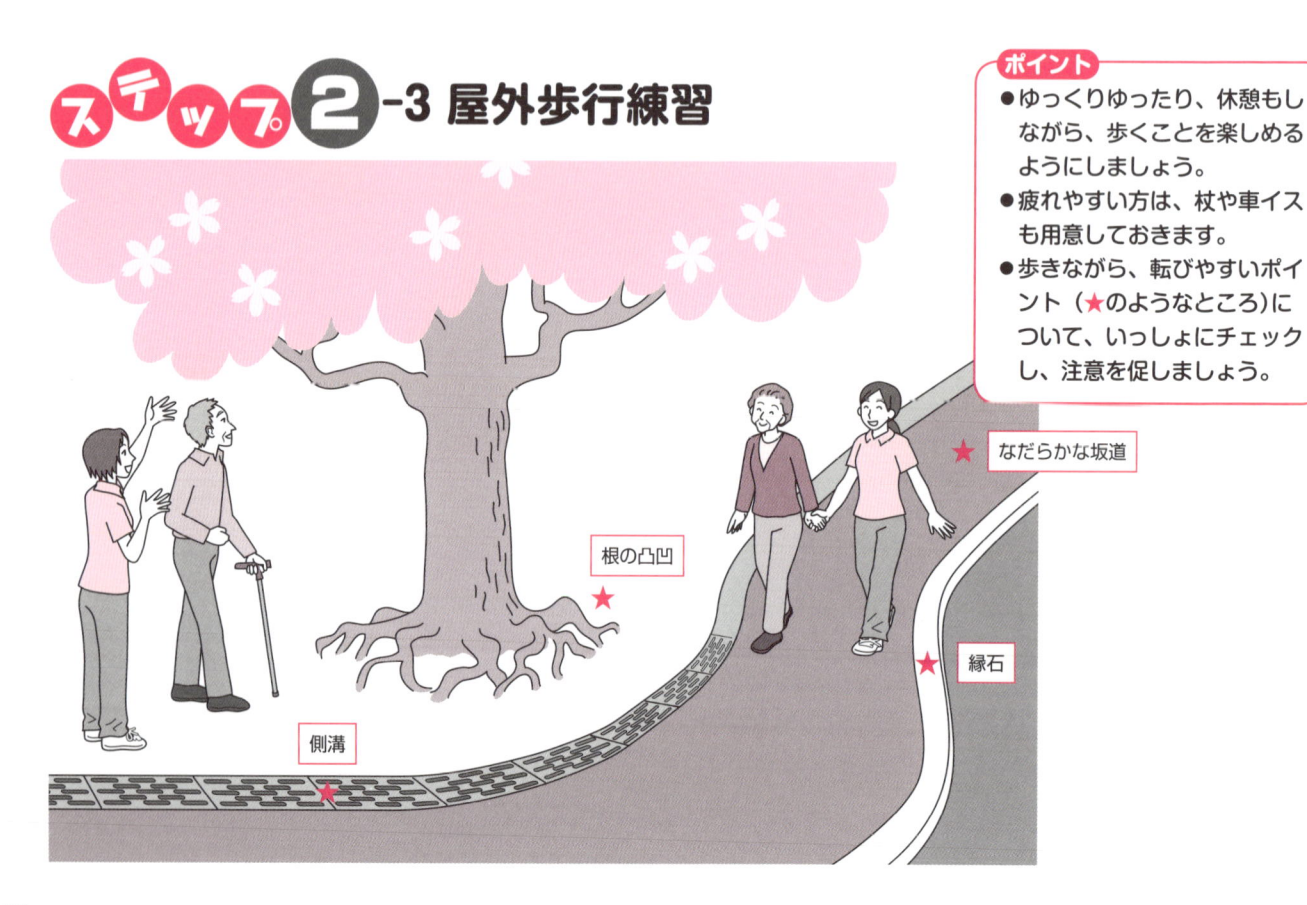

ステップ ❷-3 屋外歩行練習

ポイント
- ゆっくりゆったり、休憩もしながら、歩くことを楽しめるようにしましょう。
- 疲れやすい方は、杖や車イスも用意しておきます。
- 歩きながら、転びやすいポイント（★のようなところ）について、いっしょにチェックし、注意を促しましょう。

なだらかな坂道

根の凸凹

縁石

側溝

杖をついての歩行（左マヒの方を想定）

ふだん杖を使っている方、あるいは杖を使って歩こうとする方のために、参考としてここに示しておきます。平行棒のトレーニングのときも、頭に入れておいてください。
まずは動作が簡単な三動作歩行を覚え、さらにより速く歩ける二動作歩行にも挑戦してみましょう。

三動作歩行

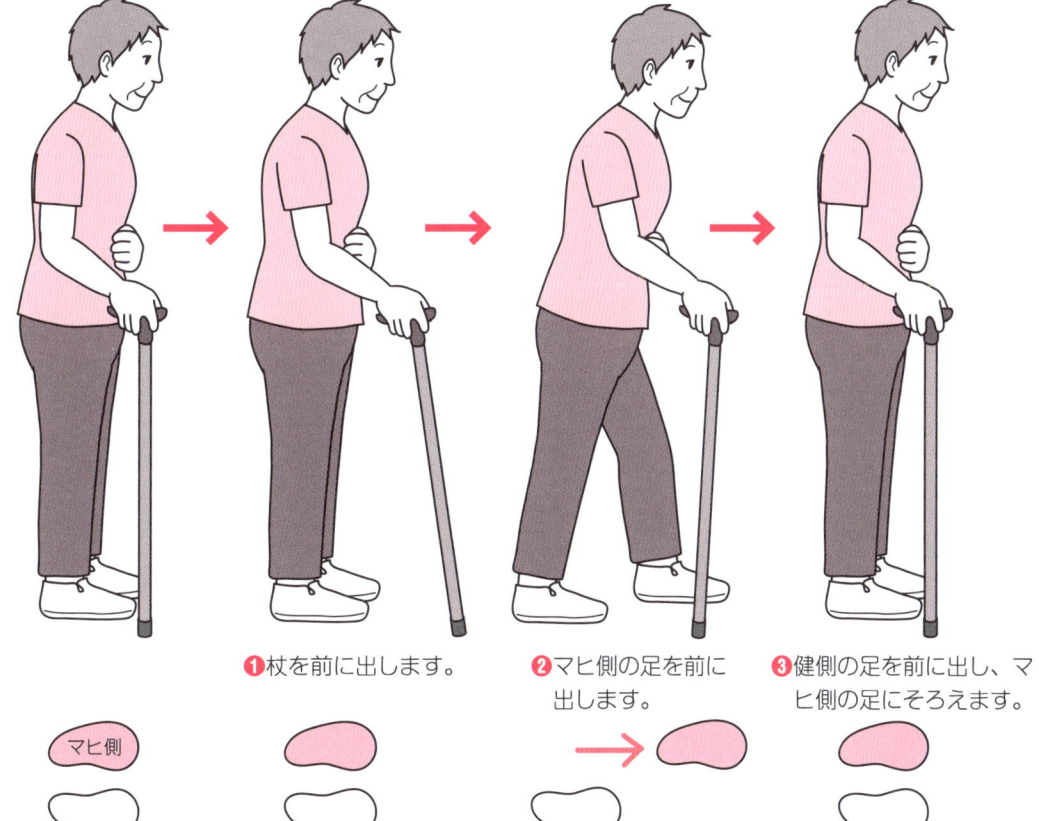

❶杖を前に出します。

❷マヒ側の足を前に出します。

❸健側の足を前に出し、マヒ側の足にそろえます。

マヒ側　●杖

二動作歩行

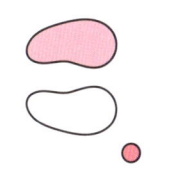

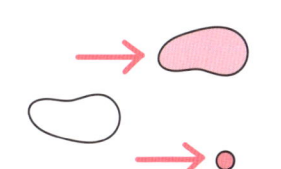

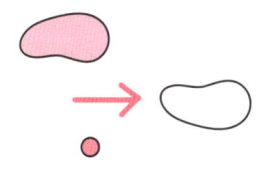

❶杖とマヒ側の足を、同時に前に出します。

❷健側の足を前に出します。

方向転換

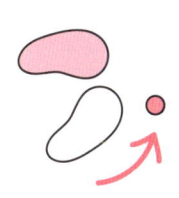

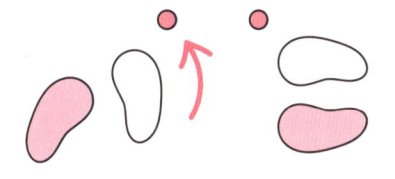

マヒ側の足を中心軸として、健側の足を動かし回転しましょう。

ポイント
- 杖は健側につきます。
- 杖をつく位置は、常に斜め前方です。

C スタスタ歩きコー

暮らしラクラクトレーニング

D おトイレコース

「トイレは人の手を借りず済ませたい」と希望されている方は多いです。多くの動きを複合して行なう必要がありますが、これまでのトレーニングも十分に活用できます。逆に、「トイレに連れて行ってほしい」という依頼は、トレーニングを行なうチャンスと思ってもいいです。

トイレシミュレーション

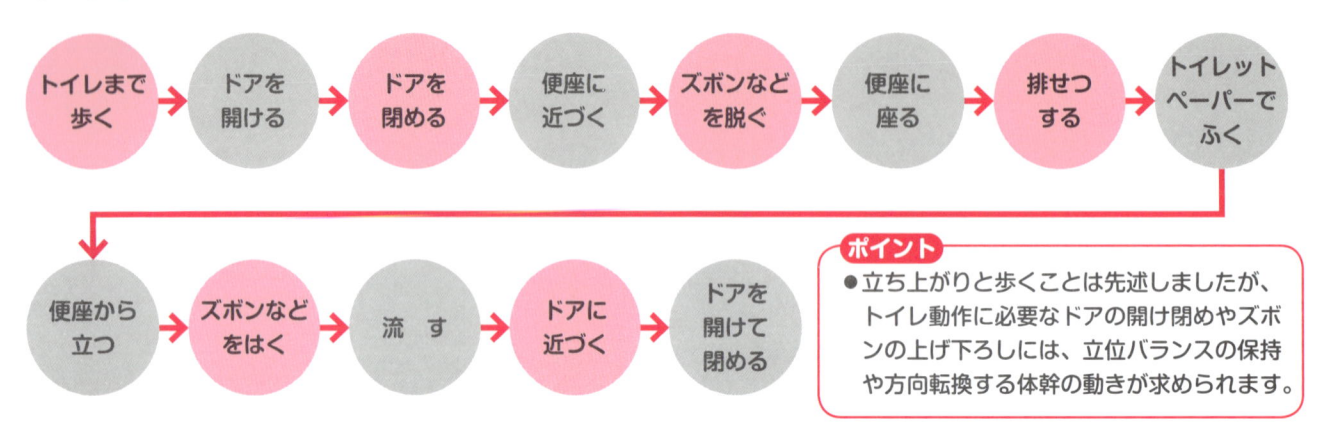

トイレまで歩く → ドアを開ける → ドアを閉める → 便座に近づく → ズボンなどを脱ぐ → 便座に座る → 排せつする → トイレットペーパーでふく → 便座から立つ → ズボンなどをはく → 流す → ドアに近づく → ドアを開けて閉める

ポイント
- 立ち上がりと歩くことは先述しましたが、トイレ動作に必要なドアの開け閉めやズボンの上げ下ろしには、立位バランスの保持や方向転換する体幹の動きが求められます。

ステップ❶ ボールの受け渡し（体のバランスを取りつつ方向転換するためのトレーニング）

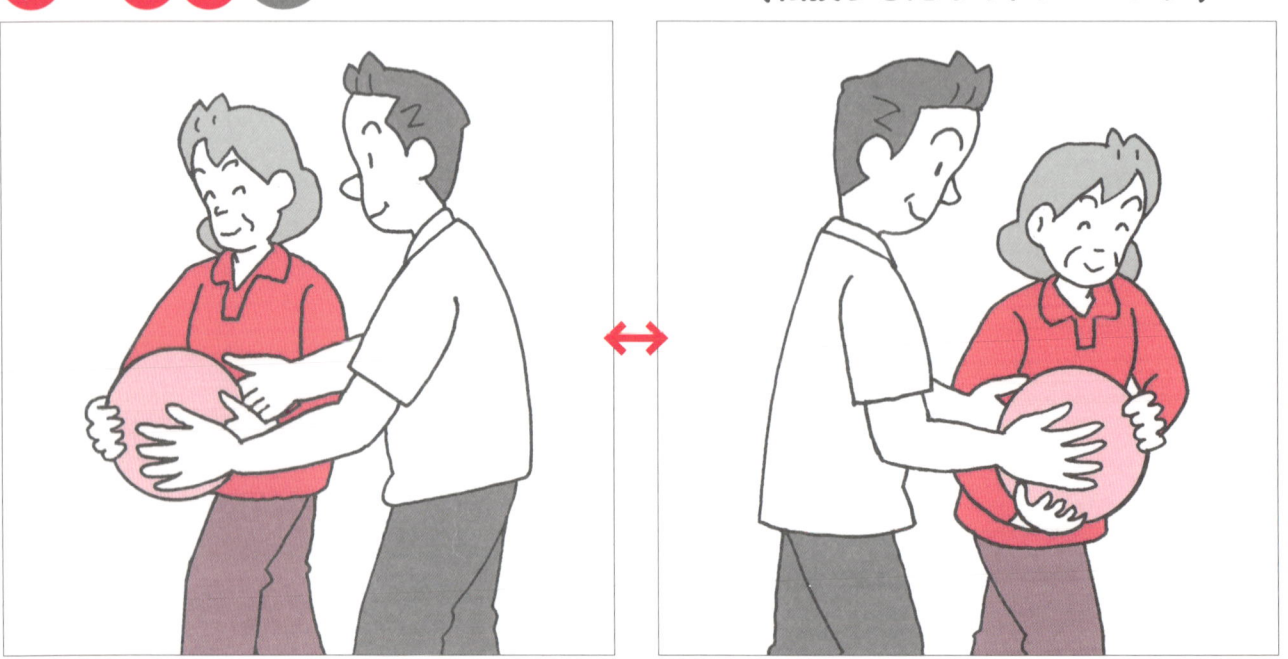

ポイント
- 体幹のねじりを促せるよう、指導者はやや後ろでボールを渡すようにします。
- 立位がしっかりしている方は、「C スタスタ歩きコース ステップ❶」を合わせて行ないましょう。
- 立位が不安定な方は、「B 乗り移りコース ステップ❶」を合わせて行ないましょう。

D おトイレコース

ステップ❷ トイレで実際に動いてトレーニング（右マヒの方を想定）

❶ 健側の手（ここでは左手）で手すりにつかまります。

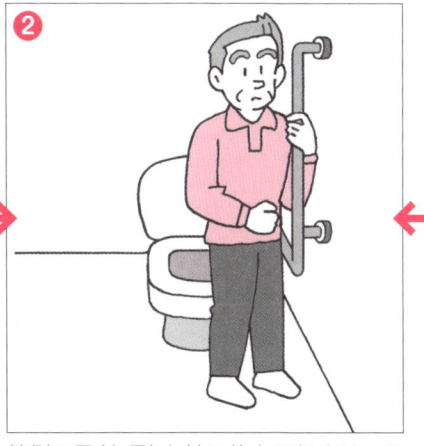

❷ 健側の足（左足）を軸に体を回転させ、おしりを便座に向けます。

❸ 立位バランスが不安定な場合は、健側の手すりや壁に寄り掛かります。

❹❺ 健側の手でズボンの左右を交互に持って下げていきます。

❻ おじぎをするように体を前傾させます。

❼ 便器に座ります。

ポイント
- 立って行なう動作のため、指導者は転倒に備え、支えられる場所にいるようにしましょう。
- 両足の間隔を広げると、立位が安定します。
- ズボンなどが上がりづらい場合は、指導者が声掛けや軽い介助などで協力しましょう。
- ※ズボンなどをはくときは、逆の順序で行ないます。

暮らしラクラクトレーニング

E おふろコース

体を清潔にし、スッキリしつつ、ゆったりとした気持ちになれるおふろは、健康的な生活に欠かせないものです。
　おふろに入る、その動きを今一度見直しつつ、実際のおふろでのトレーニングへとつなげましょう。

おふろシミュレーション

衣服を脱ぐ → 浴室へ移動 → 座って洗う → 浴槽に入る → 浴槽を出る → 掛け湯をする → 歩いて出る → 衣服を着る

ポイント
- おトイレコースでもズボンなどの上げ下ろしがありましたが、おふろでは足からズボンを最後まで抜かなければいけません。またいで浴槽に入るというのも、特徴のある動きです。

ステップ ❶-1 浴槽またぎ

ポイント
- 上体が後ろに傾かないよう姿勢を保ちましょう。

① 一定の長さの物を図のように置き、またぐ状況をつくります。

② まずは健側の足を持ち上げ、大きくまたぎます。

③ マヒ側の足は健側の腕で持ち上げ、またぎます。

③ 両足を下ろし、座った姿勢を保ちます。

ステップ ❶-2 低い位置からの立ち上がり

ポイント
- 実際のおふろでは、浮力が助けになります。

① 健側の足を手前に引き寄せ、上体を前かがみにします。

② 手すりをつかむ力や足の伸びを利用して、おしりを浮かせていきます。

③ バランスを崩さないように、立った姿勢を保ちます。

E おふろコース

ステップ 2-1 ズボンを脱ぐ・はく（右マヒの方を想定）

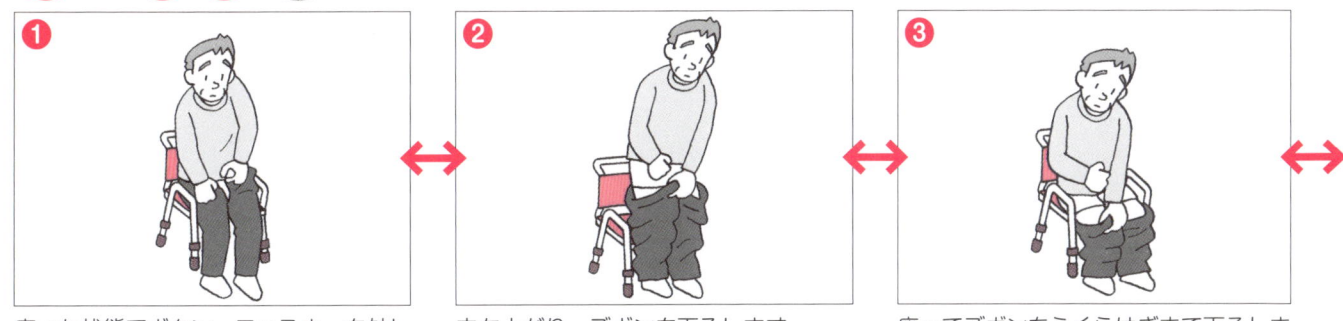

❶ 座った状態でボタン・ファスナーを外します。

❷ 立ち上がり、ズボンを下ろします。

❸ 座ってズボンをふくらはぎまで下ろします。

❹ 健側の足（ここでは左足）からズボンを脱ぎます。

❺ マヒ側の足（右足）のひざを上にして足を組み、ズボンを脱ぎます。

ポイント
- 衣服の着脱は「着るときはマヒ側から、脱ぐときは健側から」が基本です。上着も同様です。
- ※着るときは逆の順序で行ないます。

ステップ 2-2 浴槽の出入り（右マヒの方を想定）

ポイント
- 滑り止めマットや浴槽台など、福祉用具を有効に使いましょう。

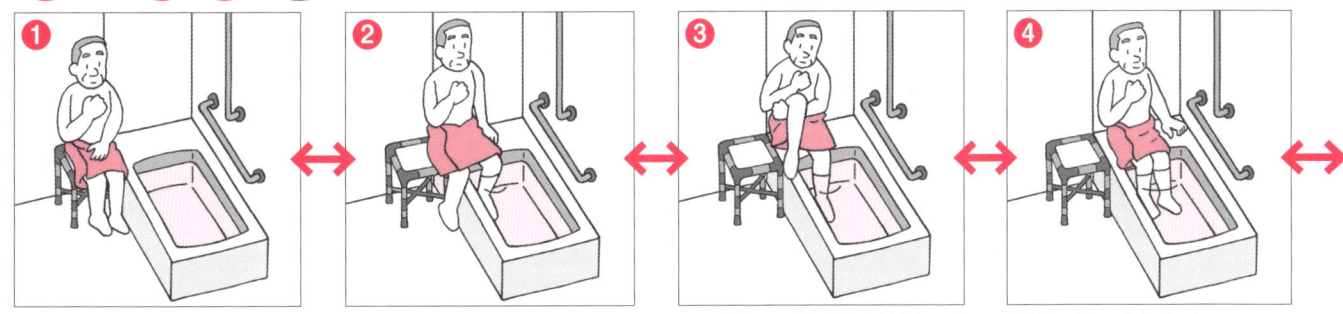

❶❷ 浴槽とほぼ同じ高さのイスに腰掛け、健側の足から浴槽の縁をまたぎます。

❸ マヒ側の足（右足）を健側の手で持ち上げ浴槽に入れます。

❹ 浴槽の縁に座ります。

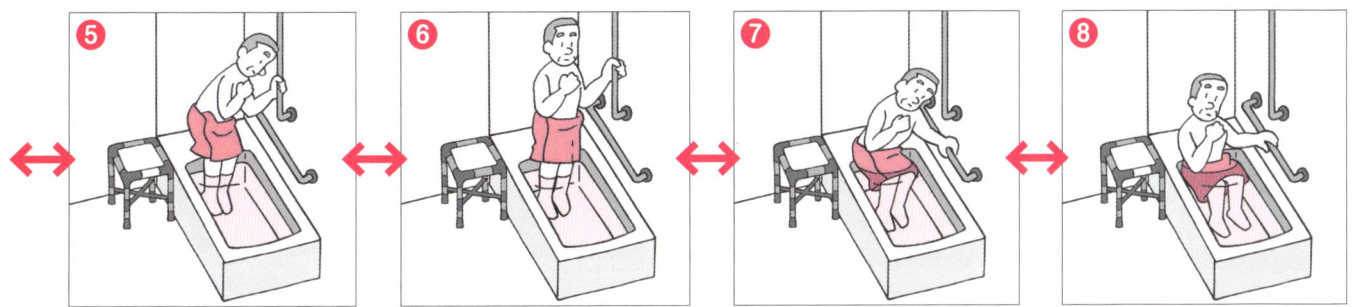

❺❻ 健側の手で手すりを握って立ち上がります。

❼❽ 手すりを握り替えて下の方を持ち、浴槽にゆっくりと座ります。

暮らしラクラクトレーニング

F 階段上り下りコース

行動範囲を広げるうえで、階段の上り下りは欠かせない動作です。平坦の歩行よりも重心の上下移動が生じやすく、転倒の危険が高いので、職員が注意して見守るようにしましょう。

ステップ ①-1 前後で乗り下り

① 手すりを握り、電話帳の踏み台の前に立ちます。

電話帳2冊は、開かないようクラフトテープなどで留めておく。

② 足先が引っ掛からないよう、片足を踏み台の上に乗せます。

③ 空いているスペースに左足も乗せます。

ポイント
● 下りる際は逆の順序で行ないます。後ろに足を引くことを意識しましょう。

ステップ ①-2 横向きで乗り下り

手すりを握り、電話帳の踏み台の横に立ちます。

右足に軽く体重をかけ、左足を踏み台の上に乗せます。

空いているスペースに右足も乗せます。

ポイント
● 階段を普通に前へ下りることが不安な場合、横向きや後ろ向きで下りる方法があります。

F 階段上り下りコース

ステップ2 階段の上り下り

上るとき

実際の階段での
トレーニングです。
必ずサポートにつく
ようにしましょう!

下りるとき

ポイント
- 基本的に、上るときは健側から、下りるときはマヒ側から足を出します。
- 介助者はマヒ側につきます。
- 介助者は身体状況に応じ、体重移動の介助を行ないましょう。
- 介助者は、上るときは利用者の斜め後方から、下りるときは斜め前方につきます（バランスを崩した際、支えられるように）。

暮らしラクラクトレーニング

G お食事コース

食事をおいしく、安全に食べられるかどうかは、自身で好きな物・好きな順番で選ぶことや、座っている姿勢を良好に保つことに大きく影響されるのではないでしょうか？ 毎日必ずと言っていいほど行なう動作なので、日々の健康にも深くかかわります。

ステップ ①-1 リーチ訓練

ポイント
- 自身で食器を用い、好きな物を自由に食べるために必要な動きです。

❶ コップなど、数段積み重ねることのできる物を用意し、一個ずつ取り出して別の場所へ移動させます。

❷ コップを移動させる位置を変え、さまざまな方向に動かせるようにしましょう。

ステップ ①-2 豆移動

ポイント
- つまめる物ならなんでもだいじょうぶです。実際の食事を想定して、さまざまな大きさ・形状にチャレンジしましょう。

❶ お皿を二つ用意し、一方に置いた豆を一個ずつ、はしでつまんで移動させます。

❷ 慣れてきたら、少し小さい豆を動かします。

G お食事コース

ステップ 2　介助なしでの食事

- 上体はわずかに前屈し、あごを軽く引いて背筋を伸ばしましょう。
- 体とテーブルとの間が空きすぎないようにしましょう。
- テーブルは食べやすい高さにしましょう。
- 背もたれのあるイスに、深く腰掛けましょう。
- 両足をしっかり床につけます（届かない場合は、足を載せる台を用意しましょう）。
- 適切なイスとテーブルの高さについては、差尺＝座高×1/3－2（～3）cmとされています。

差尺
下腿長

ポイント
- 個々の機能（身体状況）によっては、自助具の活用も効果的です。

参考資料①

アセスメントシートの例

運動機能向上プログラム　アセスメントシート

実施日：平成　　年　　月　　日　（初回・　ヶ月）　　記入者：

氏　名	様　（男女）	介護度	要支援・要介護　　1 2 3 4 5
（明治 大正 昭和）	年　　月　　日生，　　歳		

身　長	（臥位 立位）　　　cm	体重	kg	BMI	kg／㎡
握　力	kg　（右／左）	[特記事項]			

5m歩行	（普通）　　　　　　（最大）　　　　　　（補助具）なし・あり（　　　　　　）
歩行状態	1. 特になし　2. ふらつき　3. すり足　4. 前傾姿勢　5. ワイドベース　6. 歩調不定 [特記事項]
椅子立ち上がり （動作の観察）	回／30秒　　手段（ 1. 腕組み　2. 大腿支持　3. 肘掛け把持 ） 1. 特になし　2. 臀部が上がらない　3. 立位時に膝が伸びきらない　4. 勢いをつけ起立・着席 [特記事項]
その他の検査	Timed Up & Go Test：　　sec　　Performance Oriented Mobility Assessment：　　／28点

[FIM]

項目／介助度	自立			部分介助			全介助
セルフケア	食事	7	6	5	4	3	2	1
	整容	7	6	5	4	3	2	1
	清拭	7	6	5	4	3	2	1
	更衣（上）	7	6	5	4	3	2	1
	更衣（下）	7	6	5	4	3	2	1
	トイレ動作	7	6	5	4	3	2	1
移乗	ベッド・車椅子	7	6	5	4	3	2	1
	トイレ	7	6	5	4	3	2	1
	浴槽・シャワー	7	6	5	4	3	2	1
移動	歩行・車椅子	7	6	5	4	3	2	1
	階段	7	6	5	4	3	2	1

[ADL・IADLの特記事項]

合計　　／77点

（その他の症状）　1. 痛み・痺れの訴え　2. 関節可動障害　3. 筋力低下　4. 気分不快　5. 運動・感覚障害

前回評価時	平成　　年　　月　　ヶ月評価	身長	cm　（臥位・立位）
体重	kg　椅子立ち上がり　回／30sec	歩行	普通　／5m，最大　／5m
握力（右／左）	kg　（手段：　）動作観察：		動作観察：　　用具：
FIM （点数のみ記載）	食事：　　更衣（上）：　　ベッド・車椅子：　　歩行・車椅子： 整容：　　更衣（下）：　　トイレ：　　階段： 清拭：　　トイレ動作：　　浴槽・シャワー：　　合計：　／77		TUG　　sec POMA　　／28

※このアセスメントシートおよび機能向上計画書の内容が加算要件を満たしているかは、必ず行政の指導を仰いでください（P.76～79）。

機能向上計画書の例

（　　　　　　　）さんの機能向上計画書

【計画期間】平成　年　月　日　～　平成24年　月　日

作成日：平成　年　月　日　　担当者：　　　　　　理学療法士：

身体機能向上計画

（加算）□有　□無

【ご本人様・ご家族様の希望】

【身近な目標】

【プログラム】
- □ 柔軟体操　　□ 筋力強化体操　　□ 持久力強化体操
- □ 座位バランス保持練習　□ 立位バランス保持練習　□ 足指トレーニング
- □ その他（　　　　　　　　　　　　　　　　　）

（実施時間）1回につき　　分程度行います

【モニタリング】	1ヶ月時	2ヶ月時	3ヶ月時	4ヶ月時
日付	平成24年　月　日	平成24年　月　日	平成24年　月　日	平成24年　月　日
プログラム実施状況	□十分実施　□一部実施　□実施できず	□十分実施　□一部実施　□実施できず	□十分実施　□一部実施　□実施できず	□十分実施　□一部実施　□実施できず
プログラム変更の有無	□継続　□変更　□中止	□継続　□変更　□中止	□継続　□変更　□中止	□継続　□変更　□中止
身体状況変化	□なし　□痛みの変化　□動作の変化	□なし　□痛みの変化　□動作の変化	□なし　□痛みの変化　□動作の変化	□なし　□痛みの変化　□動作の変化
備考・担当者サイン				

【評価】実施日：　年　月　日　　　【継続の必要性】□有　□無

- □ 機能は概ね維持されています。
- □ 現行のプログラムを継続していただくことが望ましいです。

特記事項
□（目標・プログラムの変更、機能の変化など）【　　　　　　　　　　　　　　】

評価者サイン　印

生活機能向上計画

（加算）□有　□無

【ご本人様・ご家族様の希望】

【目標】
《長期》
《短期》

【プログラム】
①
②
③

（実施時間）1回につき　　分程度行います

【モニタリング】	1ヶ月時	2ヶ月時	3ヶ月時	4ヶ月時
日付	平成24年　月　日	平成24年　月　日	平成24年　月　日	平成24年　月　日
プログラム実施状況	□十分実施　□一部実施　□実施できず	□十分実施　□一部実施　□実施できず	□十分実施　□一部実施　□実施できず	□十分実施　□一部実施　□実施できず
プログラム変更の有無	□継続　□変更　□中止	□継続　□変更　□中止	□継続　□変更　□中止	□継続　□変更　□中止
備考・担当者サイン				

【評価】実施日：　年　月　日　　　【継続の必要性】□有　□無

【目標の達成状況】
□ほぼ達成　□一部達成　□未達成
□ 現行のプログラムを継続していただくことが望ましいです。

特記事項
□（目標・プログラムの変更、機能の変化など）【　　　　　　　　　　　　　　】

評価者サイン　印

利用者名　　　　　　　　　　同意者名　　　　　　　　　　同意者捺印　印

同意年月日　平成　年　月　日

平成24年度　介護保険制度改正
(通所介護の個別機能訓練にかかわる内容のみ掲載)

指定居宅サービスに要する費用の額の算定に関する基準より抜粋。

イ　個別機能訓練加算(Ⅰ)‥‥‥‥‥‥‥‥‥‥‥42単位
ロ　個別機能訓練加算(Ⅱ)‥‥‥‥‥‥‥‥‥‥‥50単位
※別に厚生労働大臣が定める基準の内容は次のとおり。

イ　個別機能訓練加算(Ⅰ)
次に掲げる基準のいずれにも適合すること。

(1) 指定通所介護を行う時間帯を通じて、専ら機能訓練指導員の職務に従事する常勤の理学療法士、作業療法士、言語聴覚士、看護職員、柔道整復師又はあん摩マッサージ指圧師(以下この号において「理学療法士等」という。)を一名以上配置していること。
(2) 個別機能訓練計画の作成及び実施において利用者の自立の支援と日常生活の充実に資するよう複数の種類の機能訓練の項目を準備し、その項目の選択に当たっては、利用者の生活意欲が増進されるよう利用者を援助し、心身の状況に応じた機能訓練を適切に行っていること。
(3) 機能訓練指導員、看護職員、介護職員、生活相談員その他の職種の者が共同して、利用者ごとに個別機能訓練計画を作成し、当該計画に基づき、計画的に機能訓練を行っていること。

ロ　個別機能訓練加算(Ⅱ)
次に掲げる基準のいずれにも適合すること。

(1) 専ら機能訓練指導員の職務に従事する理学療法士等を一名以上配置していること。
(2) 機能訓練指導員、看護職員、介護職員、生活相談員その他の職種の者が共同して、利用者の生活機能向上に資するよう利用者ごとの心身の状況を重視した個別機能訓練計画を作成していること。
(3) 個別機能訓練計画に基づき、利用者の生活機能向上を目的とする機能訓練の項目を準備し、理学療法士等が、利用者の心身の状況に応じた機能訓練を適切に行っていること。

指定居宅サービスに要する費用の額の算定に関する基準(訪問通所サービス、居宅療養管理指導及び福祉用具貸与に係る部分)及び指定居宅介護支援に要する費用の額の算定に関する基準の制定に伴う実施上の留意事項についてより抜粋。

第二　居宅サービス単位数表(訪問介護費から通所リハビリテーション費まで及び福祉用具貸与費に係る部分に限る。)に関する事項

7　通所介護費

(7) 個別機能訓練加算について

① 個別機能訓練加算は、理学療法士、作業療法士、言語聴覚士、看護職員、柔道整復師又はあん摩マッサージ指圧師(以下7において「理学療法士等」という。)が個別機能訓練計画に基づき、計画的に行った機能訓練(以下「個別機能訓練」という。)について算定する。

② 個別機能訓練加算(Ⅰ)に係る機能訓練は、提供時間帯を通じて、専ら機能訓練指導員の職務に従事する常勤の理学療法士等を一名以上配置して行うものであること。この場合において、例えば一週間のうち、月曜日から金曜日は常勤の理学療法士等が配置され、それ以外の曜日に非常勤の理学療法士等だけが配置されている場合は、非常勤の理学療法士等だけが配置されている曜日については、当該加算の対象とはならない。(個別機能訓練加算(Ⅱ)の要件に該当している場合は、その算定対象となる。)ただし、個別機能訓練加算(Ⅰ)の対象となる理学療法士等が配置される曜日はあらかじめ定められ、利用者や居宅介護支援事業者に周知されている必要がある。なお、通所介護事業所の看護職員が当該加算に係る機能訓練指導員の職務に従事する場合には、当該職務の時間は、通所介護事業所における看護職員としての人員基準の算定に含めない。

③ 個別機能訓練加算(Ⅰ)に係る機能訓練の項目の選択については、機能訓練指導員等が、利用者の生活意欲が

増進されるよう利用者の選択を援助し、利用者が選択した項目ごとにグループに分かれて活動することで、心身の状況に応じた機能訓練が適切に提供されることが要件となる。また、機能訓練指導員等は、利用者の心身の状態を勘案し、項目の選択について必要な援助を行わなければならない。

④ 個別機能訓練加算(Ⅱ)に係る機能訓練は、専ら機能訓練指導員の職務に従事する理学療法士等を一名以上配置して行うものであること。この場合において、例えば、一週間のうち特定の曜日だけ理学療法士等を配置している場合は、その曜日において理学療法士等から直接訓練の提供を受けた利用者のみが当該加算の算定対象となる。ただし、この場合、理学療法士等が配置される曜日はあらかじめ定められ、利用者や居宅介護支援事業者に周知されている必要がある。なお、通所介護事業所の看護職員が当該加算に係る機能訓練指導員の職務に従事する場合には、当該職務の時間は、通所介護事業所における看護職員としての人員基準の算定に含めない。

⑤ 個別機能訓練を行うに当たっては、機能訓練指導員、看護職員、介護職員、生活相談員その他の職種の者が共同して、利用者ごとにその目標、実施時間、実施方法等を内容とする個別機能訓練計画を作成し、これに基づいて行った個別機能訓練の効果、実施時間、実施方法等について評価等を行う。なお、通所介護においては、個別機能訓練計画に相当する内容を通所介護計画の中に記載する場合は、その記載をもって個別機能訓練計画の作成に代えることができるものとすること。

⑥ 個別機能訓練加算(Ⅱ)に係る機能訓練は、身体機能そのものの回復を主たる目的とする訓練ではなく、残存する身体機能を活用して生活機能の維持・向上を図り、利用者が居宅において可能な限り自立して暮らし続けることを目的として実施するものである。

具体的には、適切なアセスメントを経て利用者のADL及びIADLの状況を把握し、日常生活における生活機能の維持・向上に関する目標(一人で入浴が出来るようになりたい等)を設定のうえ、当該目標を達成するための訓練を実施すること。

⑦ ⑥の目標については、利用者又は家族の意向及び利用者を担当する介護支援専門員の意見も踏まえ策定することとし、当該利用者の意欲の向上につながるよう、段階的な目標を設定するなど可能な限り具体的かつ分かりやすい目標とすること。

⑧ 個別機能訓練加算(Ⅱ)に係る機能訓練は、類似の目標を持ち同様の訓練内容が設定された五人程度以下の小集団(個別対応含む)に対して機能訓練指導員が直接行うこととし、必要に応じて事業所内外の設備等を用いた実践的かつ反復的な訓練とすること。実施時間については、個別機能訓練計画に定めた訓練内容の実施に必要な一回あたりの訓練時間を考慮し適切に設定すること。

また、生活機能の維持・向上のための訓練を効果的に実施するためには、計画的・継続的に行う必要があることから、概ね週一回以上実施することを目安とする。

⑨ 個別機能訓練を行う場合は、開始時及びその後三月ごとに一回以上利用者又はその家族に対して個別機能訓練計画の内容(評価を含む)を説明し、記録する。また、評価内容や目標の達成度合いについて、当該利用者を担当する介護支援専門員等に適宜報告・相談し、必要に応じて利用者又は家族の意向を確認の上、当該利用者のADL及びIADLの改善状況を踏まえた目標の見直しや訓練内容の変更など適切な対応を行うこと。

⑩ 個別機能訓練に関する記録(実施時間、訓練内容、担当者等)は、利用者ごとに保管され、常に当該事業所の個別機能訓練の従事者により閲覧が可能であるようにすること。

⑪ 個別機能訓練加算(Ⅰ)を算定している者であっても、別途個別機能訓練加算(Ⅱ)に係る訓練を実施した場合は、同一日であっても個別機能訓練加算(Ⅱ)を算定できるが、この場合にあっては、個別機能訓練加算(Ⅰ)に係る常勤専従の機能訓練指導員は、個別機能訓練加算(Ⅱ)に係る機能訓練指導員として従事することはできず、別に個別機能訓練加算(Ⅱ)に係る機能訓練指導員の配置が必要である。また、それぞれの加算の目的・趣旨が異なることから、それぞれの個別機能訓練計画に基づいた訓練を実施する必要がある。

平成24年度介護報酬改定に関する Q&A

介護保険最新情報（平成24年度介護報酬改定に関する関係Q&A）Vol.267平成24年3月16日より抜粋。

問66 個別機能訓練加算Ⅱの訓練時間について「訓練を行うための標準的な時間」とされているが、訓練時間の目安はあるのか。

答 1回あたりの訓練時間は、利用者の心身の状況や残存する生活機能を踏まえて設定された個別機能訓練計画の目標等を勘案し、必要な時間数を確保するものである。例えば「自宅でご飯を食べたい」という目標を設定した場合の訓練内容は、配膳等の準備、箸（スプーン、フォーク）使い、下膳等の後始末等の食事に関する一連の行為の全部又は一部を実践的かつ反復的に行う訓練が想定される。これらの訓練内容を踏まえて利用日当日の訓練時間を適正に設定するものであり、訓練の目的・趣旨を損なうような著しく短時間の訓練は好ましくない。なお、訓練時間については、利用者の状態の変化や目標の達成度等を踏まえ、必要に応じて適宜見直し・変更されるべきものである。

問67 個別機能訓練加算Ⅱに係る機能訓練指導員は「専ら機能訓練指導員の職務に従事する理学療法士等を配置すること」とされているが、具体的な配置時間の定めはあるのか。

答 個別機能訓練加算Ⅱに係る機能訓練指導員は、個別機能訓練計画の策定に主体的に関与するとともに、訓練実施を直接行う必要があることから、計画策定に要する時間や実際の訓練時間を踏まえて配置すること。なお、専従配置が必要であるが常勤・非常勤の別は問わない。

問68 個別機能訓練加算Ⅰの選択的訓練内容の一部と、個別機能訓練加算(Ⅱ)の訓練内容がほぼ同一の内容である場合、1回の訓練で同一の利用者が両方の加算を算定することができるのか。

答 それぞれの計画に基づき、それぞれの訓練を実施する必要があるものであり、1回の訓練で両加算を算定することはできない。

問69 介護予防通所介護と一体的に運営される通所介護において、個別機能訓練加算Ⅰを算定するために配置された機能訓練指導員が、介護予防通所介護の運動器機能向上加算を算定するために配置された機能訓練指導員を兼務できるのか。

答 通所介護の個別機能訓練の提供及び介護予防通所介護の運動器機能向上サービスの提供、それぞれに支障のない範囲で可能である。

問70 個別機能訓練加算Ⅰの要件である複数の種類の機能訓練の項目はどのくらい必要なのか。

答 複数の種類の機能訓練項目を設けることの目的は、機能訓練指導員その他の職員から助言等を受けながら、利用者が主体的に機能訓練の項目を選択することによって、生活意欲が増進され、機能訓練の効果が増大されることである。よって、仮に、項目の種類が少なくても、目的に沿った効果が期待できるときは、加算の要件を満たすものである。

問71 個別機能訓練加算Ⅰの要件である複数の種類の機能訓練の項目について、準備された項目が類似している場合、複数の種類の項目と認められるのか。

答 類似の機能訓練項目であっても、利用者によって、当該項目を実施することで達成すべき目的や位置付けが異なる場合もあり、また、当該事業所における利用者の状態により準備できる項目が一定程度制限されることもあり得る。よって、利用者の主体的選択によって利用者の意欲が増進され、機能訓練の効果を増大させる

ことが見込まれる限り、準備されている機能訓練の項目が類似していることをもって要件を満たさないものとはならない。こうした場合、当該通所介護事業所の機能訓練に対する取組み及びサービス提供の実態等を総合的に勘案して判断されるものである。

問72 通所介護の看護職員が機能訓練指導員を兼務した場合であっても個別の機能訓練実施計画を策定すれば個別機能訓練加算は算定可能か。また、当該職員が、介護予防通所介護の選択的サービスに必要な機能訓練指導員を兼務できるか。

答 個別機能訓練加算Ⅱを算定するには、専従で1名以上の機能訓練指導員の配置が必要となる。通所介護事業所の看護職員については、サービス提供時間帯を通じて専従することまでは求めていないことから、当該看護師が本来業務に支障のない範囲で、看護業務とは別の時間帯に機能訓練指導員に専従し、要件を満たせば、個別機能訓練加算Ⅱを算定することは可能であり、また、当該看護職員が併せて介護予防通所介護の選択的サービスの算定に必要となる機能訓練指導員を兼務することも可能である。

ただし、都道府県においては、看護職員を1名で、本来の業務である健康管理や必要に応じて行う利用者の観察、静養といったサービス提供を行いつつ、それぞれの加算の要件を満たすような業務をなし得るのかについて、業務の実態を十分に確認することが必要である。

なお、個別機能訓練加算Ⅰの算定においては、常勤の機能訓練指導員がサービス提供時間帯を通じて専従することが要件であるので、常勤専従の機能訓練指導員である看護職員が看護職員としての業務を行っても、通所介護事業所の看護職員としての人員基準の算定に含めない扱いとなっている。しかし、介護予防通所介護の選択的サービスの算定に必要となる機能訓練指導員を兼務することは、双方のサービス提供に支障のない範囲で可能である。

介護保険最新情報（平成24年度介護報酬改定に関する関係Q&A）Vol.273平成24年3月30日より抜粋。

問13 平成24年度介護報酬改定において新設された個別機能訓練加算Ⅱは例えばどのような場合に算定するのか。

答 新設された個別機能訓練加算Ⅱは、利用者の自立支援を促進するという観点から、利用者個別の心身の状況を重視した機能訓練（生活機能の向上を目的とした訓練）の実施を評価するものである。

例えば「1人で入浴する」という目標を設定する場合、利用者に対して適切なアセスメントを行いADL（IADL）の状況を把握の上、最終目標を立て、また、最終目標を達成するためのわかりやすい段階的な目標を設定することが望ましい（例：1月目は浴室への移動及び脱衣、2月目は温度調整及び浴室内への移動、3月目は洗身・洗髪）。訓練内容については、浴室への安全な移動、着脱衣、湯はり（温度調節）、浴槽への安全な移動、洗体・洗髪・すすぎ等が想定され、その方法としては利用者個々の状況に応じて事業所内の浴室設備を用いるなど実践的な訓練を反復的に行うこととなる。また、実践的な訓練と併せて、上記入浴動作を実施するために必要な訓練（柔軟体操、立位・座位訓練、歩行訓練等）を、5人程度の小集団で実施することは差し支えない。

※平成24年3月16日に問1～251、3月30日に問1～43として出た番号をそのまま示しています。
※通所介護の機能訓練にかかわる番号だけを抜粋しています。

編著者		共創未来メディカルケア株式会社　デイサービス部　部長 古川　静子（ふるかわ・しずこ） 介護職・生活相談員・ケアマネジャーの経験を経て、平成15年同社設立にかかわり、1号店であるデイサービスセンター神楽坂静華庵の所長を務める。その後店舗を増やし現在4店舗の統括を務める。平成18年より現職。
著　者		共創未来メディカルケア株式会社　デイサービス部　機能訓練チーム 安原　健太（やすはら・けんた／デイサービスセンター神楽坂静華庵　理学療法士、修士（老年学）） 伊原礼央奈（いはら・れおな／元・デイサービスセンター花実静華庵　理学療法士） 福田　雅敏（ふくだ・まさとし／元・デイサービスセンター花実静華庵　理学療法士） ※日本化薬メディカルケア株式会社は2015年8月20日に、共創未来メディカルケア株式会社と社名変更しました。
理学療法 指　導		目白大学　保健医療学部　理学療法学科　教授 矢野　秀典（やの・ひでのり） 東北大学大学院　医学系研究科病態運動学専攻　運動学分野修了。博士（障害科学）。 横浜総合病院、仙台医療技術専門学校を経て、平成18年より現職。 著書：『理学療法自習ワークブック』（診断と治療社・刊／共著）

本文イラスト
　松本奈緒美／おかじ・伸／合田修二
　わらべ　きみか

本文デザイン・DTP・編集協力
　永井一嘉

企画編集
　安藤憲志

校正
　堀田浩之

本書のコピー、スキャン、デジタル化等の無断複製は著作権法上での例外を除き禁じられています。本書を代行業者等の第三者に依頼してスキャンやデジタル化することは、たとえ個人や家庭内の利用であっても著作権法上認められておりません。

これからのデイサービス
お元気体操＆
生活機能向上トレーニング
加算につながる！通所介護の機能訓練プログラム

2012年11月　初版発行
2022年7月　第10版発行

編著者　古川静子
著　者　共創未来メディカルケア株式会社　デイサービス部　機能訓練チーム
発行人　岡本　功
発行所　ひかりのくに株式会社
　〒543-0001　大阪市天王寺区上本町3-2-14　郵便振替00920-2-118855　TEL06-6768-1155
　〒175-0082　東京都板橋区高島平6-1-1　郵便振替00150-0-30666　TEL03-3979-3112
ホームページアドレス　https://www.hikarinokuni.co.jp
印刷所　凸版印刷株式会社

©2012　　　　　　　　　　　　　　　　　　　　　　　　　　　　　　　　　　　Printed in Japan
乱丁本、落丁本は小社宛ご送付ください。送料小社負担にてお取替えさせていただきます。　　ISBN978-4-564-43141-8
本書を無断で複製、転載することは法律で禁じられています。予め小社宛許諾を求めてください。　C3036　NDC369.17　80P　26×21cm